Vermögensschaden-Haftpflichtversicherung für Versicherungsvermittler

Lizenz zum Wissen.

Sichern Sie sich umfassendes Wirtschaftswissen mit Sofortzugriff auf tausende Fachbücher und Fachzeitschriften aus den Bereichen: Management, Finance & Controlling, Business IT, Marketing, Public Relations, Vertrieb und Banking.

Exklusiv für Leser von Springer-Fachbüchern: Testen Sie Springer für Professionals 30 Tage unverbindlich. Nutzen Sie dazu im Bestellverlauf Ihren persönlichen Aktionscode C0005407 auf *www.springerprofessional.de/buchkunden/*

Jetzt 30 Tage testen!

Springer für Professionals.
Digitale Fachbibliothek. Themen-Scout. Knowledge-Manager.

- Zugriff auf tausende von Fachbüchern und Fachzeitschriften
- Selektion, Komprimierung und Verknüpfung relevanter Themen durch Fachredaktionen
- Tools zur persönlichen Wissensorganisation und Vernetzung

www.entschieden-intelligenter.de

Springer für Professionals

Marion Zwick

Vermögensschaden-Haftpflichtversicherung für Versicherungsvermittler

Rechtsgrundlagen, Anbieter, Leistungsvergleich

Marion Zwick
Ziemetshausen
Deutschland

ISBN 978-3-658-03315-6   ISBN 978-3-658-03316-3 (eBook)
DOI 10.1007/978-3-658-03316-3

Die Deutsche Nationalbibliothek verzeichnet diese Publikation in der Deutschen Nationalbibliografie; detaillierte bibliografische Daten sind im Internet über http://dnb.d-nb.de abrufbar.

Springer Gabler
© Springer Fachmedien Wiesbaden 2014
Das Werk einschließlich aller seiner Teile ist urheberrechtlich geschützt. Jede Verwertung, die nicht ausdrücklich vom Urheberrechtsgesetz zugelassen ist, bedarf der vorherigen Zustimmung des Verlags. Das gilt insbesondere für Vervielfältigungen, Bearbeitungen, Übersetzungen, Mikroverfilmungen und die Einspeicherung und Verarbeitung in elektronischen Systemen.

Die Wiedergabe von Gebrauchsnamen, Handelsnamen, Warenbezeichnungen usw. in diesem Werk berechtigt auch ohne besondere Kennzeichnung nicht zu der Annahme, dass solche Namen im Sinne der Warenzeichen- und Markenschutz-Gesetzgebung als frei zu betrachten wären und daher von jedermann benutzt werden dürften.

Autorin und Verlag können trotz sorgfältiger Recherchen für die Vollständigkeit, Richtigkeit und Aktualität der im Buch gemachten Angaben keine Gewähr übernehmen. Empfehlungen sind keine Aufforderung zum Kauf oder Verkauf von Wertpapieren sowie anderen Finanz- oder Versicherungsprodukten. Für Vermögensschäden wird keine Haftung übernommen.

Gedruckt auf säurefreiem und chlorfrei gebleichtem Papier

Springer Gabler ist eine Marke von Springer DE. Springer DE ist Teil der Fachverlagsgruppe Springer Science+Business Media
www.springer-gabler.de

Vorwort

Versicherungsvermittler, wie Versicherungsmakler und ungebundene Versicherungsvertreter, und Versicherungsberater benötigen von Gesetzes wegen eine Berufs- bzw. Vermögensschaden-Haftpflichtversicherung, damit sie überhaupt die Erlaubnis erhalten, ihrer Tätigkeit nachzugehen. Neu ist seit 2013, dass ein Versicherungsvermittler, der bestimmte Finanzanlagen mitvertreibt, auch für diese Tätigkeit als Finanzanlagenvermittler ebenfalls eine Berufshaftpflichtversicherung benötigt.

Diverse Ausnahmen, aber auch gesetzliche Neuerungen, wie die Regulierung der Finanzanlagenvermittlung seit dem 1. Januar 2013, machen es dem einzelnen Vermittler bzw. Finanzdienstleister nicht immer einfach, festzustellen, für welche seiner ausgeübten Tätigkeiten eine Berufshaftpflichtversicherung im Einzelnen tatsächlich vorgeschrieben ist. Allerdings ist es eigentlich auch zweitrangig, denn grundsätzlich sollten immer alle Tätigkeitsarten, die ein Vermittler bzw. Finanzdienstleister ausübt, abgesichert sein, damit im Schadenfall nicht die finanzielle Existenz auf dem Spiel steht.

Die Berufshaftpflicht- oder auch Vermögensschaden-Haftpflichtversicherung prüft zum einen, ob und in welchem Umfang eine Schadenersatzpflicht des Vermittlers überhaupt besteht. Wenn ein Vermögensschaden vorliegt, übernimmt die Versicherung im Rahmen des vereinbarten Versicherungsumfangs die zu leistende Entschädigung. Wenn nicht, wehrt sie unberechtigte oder auch überzogene Forderungen ab. Der Risikoträger einer Vermögensschaden-Haftpflichtversicherung (Versicherer) übernimmt in der Regel sämtliche Kosten der Schadenabwicklung und der Rechtsverteidigung.

Eine Berufs- bzw. Vermögensschaden-Haftpflichtversicherung, die alle Risiken eines Versicherungs- und/oder Finanzvermittlers abdeckt, sich stets den aktuellen gesetzlichen Änderungen, aber auch den künftigen vertrieblichen Erweiterungen automatisch anpasst und zudem noch kostenlos ist, bleibt wohl auch in Zukunft ein Traum. Diese Tausendsassa-Policen, wie sie sich nicht nur die Kunden der Versicherungsvermittler für ihre Versicherungsverträge, sondern auch die Versicherungsvermittler selbst für ihren eigenen Vertrieb wünschen, gibt es nicht. Aber dennoch sollten Vermittler (wie bei ihren eigenen Kunden auch) möglichst viele Gefahren absichern, die andernfalls ein hohes finanzielles Risiko darstellen könnten.

Dieses Buch beinhaltet unter anderem Grundlageninformationen darüber, wer überhaupt eine Berufshaftpflichtversicherung benötigt und welcher Versicherungsumfang gesetzlich vorgeschrieben ist. Zudem wird auf die Kriterien umfassend eingegangen, die für eine Bedarfsanalyse wichtig sind, um einen optimalen Versicherungsschutz zu erhalten. Zahlreiche Erklärungen und Schadenbeispiele zeigen zudem, wie wichtig ein optimaler Versicherungsschutz ist — und zwar für alle Tätigkeiten eines Versicherungsvermittlers, –beraters und/oder Finanzdienstleisters, unabhängig davon, ob für die ausgeübte Tätigkeitsart eine Berufshaftpflichtversicherung gesetzlich vorgeschrieben ist oder nicht.

Neben einer Auflistung der Risikoträger und der Anbieter einer Berufs- bzw. Vermögensschaden-Haftpflichtversicherung für Versicherungsvermittler und/oder –berater sowie für Finanzdienstleister, werden im Kapitel „Leistungsvergleich" umfassend die Unterschiede von insgesamt 21 Tarifen aufgezeigt. Insbesondere wird hier ersichtlich, wo die Unterschiede der einzelnen Angebote liegen.

Abgerundet wird die Informationsvielfalt durch diverse Prämienbeispiele, die jedoch nur einen ersten Überblick über die mögliche Prämienhöhe einer Berufs- bzw. Vermögensschaden-Haftpflichtversicherung geben. Denn wie bei allen anderen Versicherungen, egal ob im Firmen- oder Privatsegment, gilt auch für die Berufs- bzw. Vermögensschaden-Haftpflichtversicherung für Versicherungsvermittler und –berater: Nicht der Preis ist letztendlich entscheidend, ob man optimal versichert ist, sondern dass im Schadenfall die Versicherung existenzgefährdende Risiken auch abdeckt.

Ziemetshauen Marion Zwick
im September 2013

Inhaltsverzeichnis

1	**Gesetzliche Regelungen für Versicherungsvermittler und -berater**		1
	1.1	Gesetzliche Mindestanforderungen an die Berufshaftpflichtversicherung für Versicherungsvermittler und -berater	2
		1.1.1 Gesetzlicher Geltungsbereich	2
		1.1.2 Gesetzliche Mindestdeckungssummen	2
		1.1.3 Gesetzlich vorgeschriebener Versicherungsumfang	3
	1.2	Für wen eine Berufshaftpflichtversicherung gesetzlich vorgeschrieben ist und für wen nicht	4
		1.2.1 Versicherungsvertreter, -makler und -berater	4
		1.2.2 Gebundene Versicherungsvermittler	4
		1.2.3 Produktakzessorische Vermittler	5
		1.2.4 Annexvermittler, Tippgeber und sonstige	5
		1.2.5 Vermittler von Rückversicherungen	6
	1.3	Übersicht: Berufshaftpflichtversicherung, Erlaubnisverfahren, Registrierpflicht	8
2	**Gesetzliche Regelung für Finanzanlagenvermittler und -berater**		9
	2.1	Finanzanlagen, für die eine Erlaubnis- und Registrierungspflicht bei der Beratung und Vermittlung notwendig ist	10
		2.1.1 Versicherungsvermittler und -berater, die bereits als Finanzanlagenvermittler und Berater tätig sind	11
		2.1.2 Versicherungsvermittler und -berater, die künftig Finanzanlagen mit anbieten möchten	12
		2.1.3 Angestellter Finanzanlagenvermittler- und -berater	13
	2.2	Gesetzliche Mindestanforderungen an die Berufshaftpflichtversicherung für Finanzanlagenvermittler und -berater	13
		2.2.1 Gesetzlicher Geltungsbereich	13
		2.2.2 Gesetzliche Mindestdeckungssummen	13
		2.2.3 Gesetzlich vorgeschriebener Versicherungsumfang	14

3	Finanzdienstleistungen, für die es keine gesetzlich vorgeschriebene Berufshaftpflichtversicherung gibt	17
4	**Bedarfsanalyse und Schadenbeispiele**	19
	4.1 Kriterien zur Bedarfsanalyse	20
	4.2 Schadenbeispiele im Versicherungsbereich	22
5	**Anbieter der Vermögensschaden-Haftpflichtversicherung**	27
6	**Leistungsvergleich**	33
	6.1 Welche Versicherungsvermittler- oder -dienstleistertätigkeit ist versicherbar?	36
	6.2 Welche Art von Finanzvermittler- oder -dienstleistertätigkeit ist versicherbar?	41
	6.3 Welche Art von Dienstleistertätigkeit ist im Immobilienbereich versicherbar?	46
	6.4 Welche Art hinsichtlich der Vergütungsform ist versicherbar?	50
	6.5 Nicht alle Versicherungs- und Finanzprodukte werden von einer gesetzlich vorgeschriebenen VSH-Police automatisch erfasst	53
	6.6 Wer ist versichert?	68
	6.7 Geltungsbereich	73
	6.8 Deckungssummen	78
	6.9 Rückwärtsversicherung und Konditionsdifferenzdeckung	90
	6.9.1 Rückwärtsversicherung	90
	6.9.2 Konditionsdifferenzdeckung	91
	6.10 Nachhaftung	97
	6.11 Allgemeine Obliegenheiten	100
	6.12 Sonstige Leistungsbestandteile	103
	6.12.1 Regressregelungen	104
	6.12.2 Mitversicherung von Personen und Tätigkeiten	108
	6.12.3 Mitversicherung von bestimmten Verhaltensweisen und Gegebenheiten	111
	6.12.4 Schäden durch Software und EDV	117
	6.12.5 Allgemeine Regelungen im Schadenfall	120
	6.12.6 Automatische, künftige Anpassungen	124
	6.13 Mögliche Vertragserweiterungen	127
	6.14 Prämienrelevante Kriterien	130
	6.15 Prämienbeispiele	137
7	**Fazit**	151
	Anhang	153

Die Autorin

Frau Marion Zwick hat beim Gerling Konzern ihre Ausbildung zur Versicherungskauffrau abgeschlossen und arbeitete anschließend einige Jahre in den Rechtsschutz- und Industrie-Feuer-Abteilungen, bis sie zu einem bundesweit tätigen Versicherungsmakler wechselte. Hier hatte sie über lange Zeit hinweg die Innendienstleitung inne. Nach einer einjährigen Tätigkeit als selbständige Versicherungsvertreterin wechselte sie als Büroleiterin zur D.A.S. in die Niederlassung Augsburg. Dort war sie mehrere Jahre bis zur Geburt ihres Kindes tätig.

Während ihrer Elternzeit begann sie mit ihrer redaktionellen Tätigkeit im Versicherungsumfeld. Bereits seit 1996 schreibt sie als freie Autorin regelmäßig Fachartikel im Versicherungsbereich. Frau Zwick hat mittlerweile zahlreiche Bücher veröffentlicht, unter anderem für die Buchserie ARD-Ratgeber Geld und für die Verbraucherzentrale. Zudem war sie als Chefredakteurin für das Versicherungsjournal Extrablatt tätig.

Die Fachautorin, die in der Nähe von Augsburg lebt, betreut seit Längerem als Chefredakteurin den Verbrauchernewsletter für das Versicherungsjournal und schreibt regelmäßig unter anderem für das Versicherungsmagazin sowie für andere Print- und Onlinefachmedien.

Gesetzliche Regelungen für Versicherungsvermittler und -berater

Seit der Umsetzung der EU-Versicherungsvermittlerrichtlinie in nationales Recht handelt es sich bei der Tätigkeit als Versicherungsvertreter, Versicherungsmakler und Versicherungsberater bis auf wenige Ausnahmen seit dem 22. Mai 2007 um ein erlaubnis- und registrierungspflichtiges Gewerbe.

Um eine entsprechende Erlaubnis von der örtlichen IHK zu erhalten, müssen Versicherungsmakler und -vertreter gemäß § 34d GewO (Gewerbeordnung) sowie Versicherungsberater gemäß § 34e GewO unter anderem

- ihre Zuverlässigkeit nachweisen, dass sie in den letzten fünf Jahren nicht wegen eines Verbrechens wie Diebstahl, Unterschlagung, Erpressung, Betrug, Untreue, Urkundenfälschung, Hehlerei, Wucher oder einer Insolvenzstraftat rechtskräftig verurteilt wurden. Dies ist mit einem polizeilichen Führungszeugnis möglich.
- geordnete Vermögensverhältnisse nachweisen. Es darf beispielsweise kein laufendes Insolvenzverfahren oder eine Eintragung im Schuldnerverzeichnis vorliegen.
- die erforderliche Sachkunde nachweisen. Sie müssen dazu beispielsweise eine entsprechende Sachkundeprüfung bei der Industrie- und Handelskammer bestanden haben oder eine anerkannte Berufsqualifikation besitzen.
- eine Berufs- bzw. Vermögensschaden-Haftpflichtversicherung gemäß § 34d Abs. 2 Satz 3 GewO nachweisen.

Um für die Berufsausübung zugelassen zu werden, ist neben der notwendigen Erlaubnis zusätzlich eine Eintragung in das Vermittlerregister, das durch die Industrie- und Handelskammern (IHK) geführt wird, erforderlich.

Eine entsprechende Erlaubnis kann eine natürliche Person (einzelner Versicherungsvermittler, der ein Einzelunternehmen oder einen Betrieb in der Rechtsform des eingetragenen Kaufmanns (e. K.) betreibt) oder eine juristische Person (eine GmbH, UG oder AG) erhalten. Personen(handels)gesellschaften, wie sie beispielsweise BGB-Gesellschaften

(GbR-Firmen), OHG, KG, GmbH & Co. KG sind, können im Gegensatz zu den juristischen Personen keine eigene Erlaubnis beantragen.

Bei Personen(handels)gesellschaften ist für jeden geschäftsführenden Gesellschafter eine eigene Erlaubnis erforderlich. Das gilt auch für Kommanditisten, sofern diese Geschäftsführungsbefugnis haben und somit als Gewerbetreibende gelten. Ein geschäftsführender Gesellschafter, der an mehreren Personengesellschaften beteiligt und jeweils als Vermittler nach § 34d Abs. 1 GewO tätig ist, benötigt jedoch nur einmal die Erlaubnis. Handelt es sich um eine GmbH & Co. KG, ist prinzipiell die Komplementär-GmbH die Gewerbetreibende und damit erlaubnispflichtig.

Bei einer juristischen Person (AG, GmbH, UG) ist die Erlaubnis durch ihre Organe (Geschäftsführer, Vorstand) zu beantragen.

1.1 Gesetzliche Mindestanforderungen an die Berufshaftpflichtversicherung für Versicherungsvermittler und -berater

Die gesetzlichen Anforderungen, die grundsätzlich an eine Berufshaftpflichtversicherung für Versicherungsvermittler gestellt werden, sind im Abschn. 3 der Verordnung über die Versicherungsvermittlung und -beratung (VersVermV) geregelt.

1.1.1 Gesetzlicher Geltungsbereich

Zum einen muss demnach der Versicherungsschutz „für das gesamte Gebiet der Mitgliedstaaten der Europäischen Union und der anderen Vertragsstaaten des Abkommens über den Europäischen Wirtschaftsraum gelten".

1.1.2 Gesetzliche Mindestdeckungssummen

Zum anderen ist auch die Mindestversicherungssumme eines solchen Vertrages festgelegt. Nach der VersVermV betrug die Mindestversicherungssumme bis zum 14. Januar 2013 1.130.000 € für jeden Versicherungsfall und 1.700.000 € für alle Versicherungsfälle eines Jahres. Wie gesetzlich in § 9 Abs. 2 VersVermV vorgeschrieben, änderten sich die Versicherungssummen am 15. Januar 2013 prozentual gemäß den vom statistischen Amt der Europäischen Union, kurz EuroStat, veröffentlichten Änderungen des Europäischen Verbraucherpreisindexes. Die Mindestversicherungssumme für jeden Versicherungsfall beträgt seitdem für jeden Versicherungsfall 1.230.000 € und für alle Versicherungsfälle eines Jahres 1.850.000 €, wie der Bekanntmachung im Bundesanzeiger des Bundesministeriums für Wirtschaft und Technologie vom 2. Januar 2013 zu entnehmen ist.

Zudem ist in der VersVermV eine entsprechende Änderung regelmäßig alle fünf Jahre ab dem genannten ersten Änderungstermin festgeschrieben. Wie hoch die jeweils angepassten Mindestversicherungssummen sind, wird immer zum 2. Januar des jeweiligen Jahres, in dem die Anpassung zu erfolgen hat, durch das Bundesministerium für Wirtschaft und Technologie im Bundesanzeiger veröffentlicht.

1.1.3 Gesetzlich vorgeschriebener Versicherungsumfang

Des Weiteren ist auch der Mindestdeckungsumfang vorgeschrieben. Wörtlich heißt es in § 9 Abs. 3 bis 5 VersVermV: „(3) Der Versicherungsvertrag muss Deckung für die sich aus der gewerblichen Tätigkeit im Anwendungsbereich dieser Verordnung ergebenden Haftpflichtgefahren für Vermögensschäden gewähren. Der Versicherungsvertrag muss sich auch auf solche Vermögensschäden erstrecken, für die der Versicherungspflichtige nach § 278 oder § 831 BGB (Bürgerliches Gesetzbuch) einzustehen hat, soweit die Erfüllungs- oder Verrichtungsgehilfen nicht selbst zum Abschluss einer solchen Berufshaftpflichtversicherung verpflichtet sind. Ist der Gewerbetreibende in einer oder mehreren Personenhandelsgesellschaften als geschäftsführender Gesellschafter tätig, muss für die jeweilige Personenhandelsgesellschaft jeweils ein Versicherungsvertrag abgeschlossen werden; der Versicherungsvertrag kann auch die Tätigkeiten des Gewerbetreibenden nach Satz 1 abdecken.

(4) Der Versicherungsvertrag hat Versicherungsschutz für jede einzelne Pflichtverletzung zu gewähren, die gesetzliche Haftpflichtansprüche privatrechtlichen Inhalts gegen den Versicherungspflichtigen zur Folge haben könnte; dabei kann vereinbart werden, dass sämtliche Pflichtverletzungen bei Erledigung eines einheitlichen Geschäfts als ein Versicherungsfall gelten.

(5) Von der Versicherung kann die Haftung für Ersatzansprüche wegen wissentlicher Pflichtverletzung ausgeschlossen werden. Weitere Ausschlüsse sind nur insoweit zulässig, als sie marktüblich sind und dem Zweck der Berufshaftpflichtversicherung nicht zuwiderlaufen."

Die Berufshaftpflichtversicherung erstreckt sich demnach in erster Linie auf Vermögensschäden, die im Zusammenhang mit Versicherungsvermittlungs- und -beratungstätigkeit resultieren, daher spricht man bei der Berufshaftpflichtversicherung für Versicherungsvermittler oft auch von der Vermögensschaden-Haftpflichtversicherung (VSH-Versicherung). Nicht verlangt wird hier ein typischer Betriebshaftpflichtschutz, also die Absicherung von Sach- und/oder Personenschäden, die ein Vermittler im Rahmen seiner Tätigkeit einem Kunden zufügen könnte, beispielsweise wenn er beim Kundenbesuch versehentlich eine Vase oder anderes Inventar beschädigt. Zudem gibt es diverse andere Konstellationen, die in diesem Buch beschrieben werden, die nicht unter die Rahmenbedingungen des VersVermV fallen, aber für den Versicherungsvermittler im Schadenfall sogar existenzgefährdend sein können und deshalb auch versichert werden sollten.

1.2 Für wen eine Berufshaftpflichtversicherung gesetzlich vorgeschrieben ist und für wen nicht

Grundsätzlich muss jeder gemäß § 34d GewO, der gewerbsmäßig als Versicherungsmakler oder Versicherungsvertreter (im Gesetz werden beide als Versicherungsvermittler bezeichnet) Versicherungen vermittelt, eine Berufshaftpflichtversicherung vorweisen können. Dies gilt laut § 34e GewO auch für Versicherungsberater.

1.2.1 Versicherungsvertreter, -makler und -berater

Konkret müssen Versicherungsmakler, ungebundene Versicherungsvertreter und Versicherungsberater immer eine Berufshaftpflichtversicherung vorweisen.

Jede Personenhandelsgesellschaft, also eine Offene Handelsgesellschaft (OHG), eine GmbH & Co. OHG, eine Kommanditgesellschaft (KG) oder auch eine GmbH & Co. KG, die Versicherungen vermittelt oder Versicherungsberatung durchführt, muss eine gesetzlich vorgeschriebene Berufshaftpflichtversicherung haben.

Zusätzlich muss auch für den geschäftsführenden Gesellschafter der Personenhandelsgesellschaft, sofern es sich um einen erlaubnispflichtigen Vermittler handelt, ebenfalls eine Berufshaftpflichtversicherung bestehen. Der Versicherungsschutz für das Unternehmen und auch für den oder die Gesellschafter kann gemäß § 9 Abs. 3 VersVermV in einem Vertrag geregelt sein. Es ist also möglich, zwei separate Berufs- bzw. Vermögensschaden-Haftpflichtversicherungen abzuschließen, nämlich eine für die Personenhandelsgesellschaft und eine für den Erlaubnisinhaber, der als geschäftsführender Gesellschafter tätig ist. Es kann aber auch ein Haftpflichtversicherungsvertrag für die Personenhandelsgesellschaft abgeschlossen werden, in dem festgelegt ist, dass der Versicherungsschutz in der gesetzlich geforderten Höhe auch für den mitversicherten geschäftsführenden Gesellschafter als Erlaubnisinhaber unabhängig von seiner Tätigkeit in der Personenhandelsgesellschaft besteht. Bei juristischen Personen (wie AG, UG oder GmbH) müssen die Firma und deren Erfüllungs- und Verrichtungsgehilfen, zu denen auch der Vorstand oder geschäftsführende Gesellschafter zählen, in einer Berufshaftpflichtversicherung versichert sein.

1.2.2 Gebundene Versicherungsvermittler

Ein gebundener Vermittler benötigt laut § 34d Abs. 4 GewO keine eigene Berufshaftpflichtversicherung, soweit das oder die Unternehmen, das oder die er ausschließlich vertritt, für ihn uneingeschränkt haftet. Als gebundene Vermittler werden Einfirmenvertreter oder Ausschließlichkeitsvertreter bezeichnet, die auf Grundlage eines Vertretervertrages ausschließlich Versicherungsprodukte eines Versicherungsunternehmens oder auf Grundlage mehrerer Vertreterverträge im Auftrag mehrerer Versicherer, deren Versicherungsprodukte zueinander nicht in Konkurrenz stehen, vermitteln. Achtung: Im Innenverhältnis kann es je nach vertraglicher Vereinbarung möglich sein, dass der Versicherer den Vermittler bei bestimmten Fehlern und Fehlverhalten in Regress nehmen kann.

1.2.3 Produktakzessorische Vermittler

Prinzipiell muss nach § 34d Abs. 3 GewO auch ein produktakzessorischer Vermittler (also ein Vermittler, der Versicherungen nur in Ergänzung zur seiner Haupttätigkeit, dem Verkauf von Waren oder Dienstleistungen, im Auftrag eines oder mehrerer Versicherungsvermittler, die Inhaber einer Vermittlererlaubnis sind, oder eines oder mehrerer Versicherungsunternehmen, vermittelt) eine Berufshaftpflichtversicherung vorweisen. Darunter fällt beispielsweise ein Autohändler, der zum Autoverkauf gleichzeitig auch Kfz-Haftpflicht-, Kasko- und Insassenunfallversicherungen mit anbietet und vermittelt. Zwar kann sich ein produktakzessorischer Vermittler unter Umständen von der Erlaubnispflicht nach § 34d Abs. 1 GewO befreien lassen, dennoch muss für ihn eine Berufshaftpflichtversicherung für die Versicherungsvermittlung bestehen.

1.2.4 Annexvermittler, Tippgeber und sonstige

Es gibt jedoch auch Ausnahmen: Keinen Nachweis über das Bestehen einer Berufshaftpflichtversicherung müssen nebenberufliche Vermittler sowie produktakzessorische Vermittler (beide auch Annexvermittler genannt, von „annex", lateinisch für Anhängsel, Zubehör) erbringen, wenn alle in § 34d Abs. 9 Nr. 1 GewO genannten Merkmale auf sie zutreffen und sie damit als sogenannte Bagatellvermittler gelten:

„Dies gilt für Gewerbetreibende, wenn

- sie nicht hauptberuflich Versicherungen vermitteln,
- sie ausschließlich Versicherungsverträge vermitteln, für die nur Kenntnisse des angebotenen Versicherungsschutzes erforderlich sind,
- sie keine Lebensversicherungen oder Versicherungen zur Abdeckung von Haftpflichtrisiken vermitteln,
- die Versicherung eine Zusatzleistung zur Lieferung einer Ware oder der Erbringung einer Dienstleistung darstellt und entweder das Risiko eines Defekts, eines Verlusts oder einer Beschädigung von Gütern abdeckt oder die Beschädigung, den Verlust von Gepäck oder andere Risiken im Zusammenhang mit einer bei dem Gewerbetreibenden gebuchten Reise, einschließlich Haftpflicht- oder Unfallversicherungsrisiken, sofern die Deckung zusätzlich zur Hauptversicherungsdeckung für Risiken im Zusammenhang mit dieser Reise gewährt wird,
- die Jahresprämie einen Betrag von 500 € nicht übersteigt

und

- die Gesamtlaufzeit einschließlich etwaiger Verlängerungen nicht mehr als fünf Jahre beträgt".

Beispiele: Keine Berufshaftpflichtversicherung müssen produktakzessorische Vermittler vorweisen, die beispielsweise im Rahmen ihrer Tätigkeit

- als Reisevermittler Reisen zusammen mit einer Reiserücktritt- und/oder Reisegepäckversicherung vermitteln,
- als Optiker zusätzlich zur Brille eine Brillenversicherung gegen Beschädigung und Verlust anbieten,
- als Reifenhändler Reifenversicherungen beim Reifenkauf mit vermitteln,
- als Warenhändler eine Garantie- oder Reparaturversicherung anbieten

und die Jahresprämie pro Vertrag nicht 500 € übersteigt sowie die Gesamtlaufzeit je Vertrag inklusive möglicher Vertragsverlängerungen nicht mehr als fünf Jahre beträgt.

Ebenfalls keine Pflicht, eine Berufshaftpflichtversicherung abzuschließen, gibt es gemäß 34d Abs. 9 Nr. 2 GewO für Gewerbetreibende, die als Bausparkasse oder als von einer Bausparkasse beauftragter Vermittler (Bausparkassenvertreter) für Bausparer als Bestandteile der Bausparverträge (Risikolebens-)Versicherungen im Rahmen eines Kollektivvertrages vermitteln. Voraussetzung ist allerdings, dass diese Verträge ausschließlich dazu bestimmt sind, die Rückzahlungsforderungen der Bausparkasse aus gewährten Darlehen abzusichern.

Auch Gewerbetreibende, die als Zusatzleistung zur Lieferung einer Ware oder der Erbringung einer Dienstleistung im Zusammenhang mit Darlehens- und Leasingverträgen Restschuldversicherungen vermitteln, deren Jahresprämie einen Betrag von 500 € nicht übersteigen, müssen laut § 34d Abs. 9 Nr. 3 GewO keine Berufshaftpflichtversicherung nachweisen.

Sogenannte Tippgeber, also Personen, die Vermittlern nur Hinweise geben, welche Personen oder Firmen Versicherungsverträge benötigen könnten oder wünschen bzw. die Kontakte zwischen einem potenziellen Versicherungsnehmer und dem Vermittler oder Versicherer herstellen, benötigen keine Berufshaftpflichtversicherung.

1.2.5 Vermittler von Rückversicherungen

Laut § 34d Abs. 10 GewO gelten alle Vorschriften für Versicherungsvermittler auch für Vermittler von Rückversicherungen.

Tab. 1.1 Gesetzliche Verpflichtung für Berufshaftpflichtversicherung, Erlaubnisverfahren, Registerpflicht zur Vermittlung von Versicherungen

	Eigene Berufshaftpflichtversicherung muss laut Gesetz bestehen	Erlaubnis zur Versicherungsvermittlung muss vorliegen	Versicherungsvermittlertätigkeit muss bei der IHK registriert sein
Versicherungsmakler gem. § 34d Abs. 1 GewO	Ja	Ja	Ja
Ungebundener Versicherungsvertreter, Mehrfachvertreter gem. § 34d Abs. 1 GewO	Ja	Ja	Ja
Vermittler von Rückversicherungen gem. § 34d Abs. 10 GewO	Ja	Ja	Ja
Versicherungsberater gem. § 34e Abs. 1 GewO	Ja	Ja	Ja
Gebundener Versicherungsvertreter (Einfirmenvertreter, Ausschließlichkeitsvertreter) gem. § 34d Abs. 4 GewO	Nein, wenn Versicherer uneingeschränkte Haftung für Vermittlertätigkeit übernimmt, ansonsten Ja	Wenn Versicherer Haftung und Registrierung übernimmt Nein, ansonsten Ja (Kann eigene Erlaubnis beantragen)	Nein, wenn Registrierung durch Versicherer erfolgt, ansonsten Ja
Produktakzessorischer Vermittler gem. § 34d Abs. 3 GewO	Ja (mit wenigen Ausnahmen)	Befreiung auf Antrag möglich	Ja
Produktakzessorischer Vermittler von Restschuldversicherungen gem. § 34d Abs. 9 Nr. 3 GewO	Nein	Nein	Nein
Bagatellvermittler (Annexvermittler gem. § 34d Abs. 9 Nr. 1 GewO)	Nein	Nein	Nein
Vermittler von Bausparkassenversicherungen gem. § 34d Abs. 9 Nr. 2 GewO	Nein	Nein	Nein
Tippgeber	Nein	Nein	Nein

1.3 Übersicht: Berufshaftpflichtversicherung, Erlaubnisverfahren, Registrierpflicht (Tab. 1.1)

Der Versicherungsnachweis des Vermittlers erfolgt, indem er eine entsprechende Versicherungsbescheinigung bei der zuständigen IHK vorlegt. Wird die Berufshaftpflichtversicherung beendet, gekündigt oder geändert oder ist der Versicherungsschutz durch Nichtzahlung der Prämie gefährdet, ist der VSH-Versicherer verpflichtet, dies der IHK mitzuteilen. Der betreffende Vermittler (zum Beispiel Versicherungsnehmer der betreffenden Berufshaftpflichtversicherung) muss dann unaufgefordert und unverzüglich einen lückenlosen Versicherungsschutz in Form einer Versicherungsbestätigung nachweisen. Besteht keine Deckungszusage mehr über eine Berufshaftpflichtversicherung, wird der Versicherungsvermittler zum einen aus dem Register gelöscht werden, zum anderen wird ihm die Vermittlererlaubnis entzogen.

Gesetzliche Regelung für Finanzanlagenvermittler und -berater

2

Wer als Vermittler nicht nur Versicherungen, sondern auch andere Finanzanlagen, wie zum Beispiel Investmentfonds, geschlossene Fonds, Treuhandvermögen, Genussrechte und Namensschuldverschreibungen anbietet, muss seit dem 1. Januar 2013 diesbezüglich eine entsprechende Erlaubnis einholen und sich im Vermittlerregister registrieren lassen.

Dies ergibt sich aus § 34f GewO, der ab dem 1. Januar 2013 im Rahmen der Regulierung der Finanzanlagenvermittlung neu in die Gewerbeordnung aufgenommen wurde. Zahlreiche Inhalte des § 34f GewO sind bereits aus dem § 34d GewO bekannt, der die rechtlichen Voraussetzungen für die Vermittlung von Versicherungen regelt. So müssen beispielsweise Vermittler von Finanzanlagen gemäß § 34f GewO, um eine entsprechende Erlaubnis zu bekommen und sich im Vermittlerregister registrieren lassen zu können, ebenfalls

- ihre Zuverlässigkeit,
- geordnete Vermögensverhältnisse,
- ihre Sachkunde

sowie gemäß § 34f Abs. 2 Nr. 3 GewO

- eine Berufs- bzw. Vermögensschaden-Haftpflichtversicherung

nachweisen.

Zuständig für die Erlaubniserteilung und Registrierung bei der Vermittlung oder Beratung von Finanzanlagen sind je nach Bundesland die IHK oder das Gewerbeamt.

Konkretisiert wird der § 34f GewO durch die Finanzanlagenvermittlungsverordnung (FinVermV). Diese regelt Detailfragen unter anderem zur für die Erlaubnis notwendigen Sachkundeprüfung, zur Provisionsoffenlegung, zu den Beratungs- und Dokumentationspflichten sowie zum öffentlichen Register (Vermittlerregister) und in Abschn. 3 der FinVermV auch zur Berufs- bzw. Vermögensschadenshaftpflichtversicherung.

2.1 Finanzanlagen, für die eine Erlaubnis- und Registrierungspflicht bei der Beratung und Vermittlung notwendig ist

Betroffen von der Erlaubnis- und Registrierungspflicht sind gemäß § 34f GewO Abs. 1 Vermittler bzw. Berater, die folgende Finanzanlageformen in ihrem Produktportfolio haben:

Finanzanlagen gemäß § 34f Abs. 1 Nr. 1 GewO sind Anteilscheine oder Aktien an inländischen offenen Investmentvermögen, offenen EU-Investmentvermögen oder ausländischen offenen Investmentvermögen, die nach dem Kapitalanlagegesetzbuch (KAGB) vertrieben werden dürfen. Darunter fallen beispielsweise zahlreiche Investment- oder sonstige offene Fonds wie Geldmarktfonds, Rentenfonds, Aktienfonds, offene Immobilienfonds, Dachfonds (mit Ausnahme von Hedgefonds im Sinne des bis Juli 2013 geltenden § 112 InvG (Investmentgesetz), sogenannte Single-Hedgefonds, die nicht öffentlich vertrieben werden dürfen), Zertifikatfonds und auch Investmentprodukte.

Finanzanlagen gemäß § 34f Abs. 1 Nr. 2 GewO sind Anteile oder Aktien an inländischen geschlossenen Investmentvermögen, geschlossenen EU-Investmentvermögen oder ausländischen geschlossenen Investmentvermögen, die nach dem Kapitalanlagegesetzbuch vertrieben werden dürfen. Darunter fallen viele geschlossene Immobilienfonds, Projektentwicklungsfonds, Medienfonds, Containerfonds, Private Equity Fonds, Flugzeugfonds, Zweitmarktfonds, Leasingfonds oder Umweltfonds sowie Anteile an sonstigen geschlossenen Fonds (zum Beispiel Treuhandfonds), die die Voraussetzungen des KAGB erfüllen.

Finanzanlagen gemäß § 34f Abs. 1 Nr. 3 GewO sind Vermögensanlagen im Sinne des § 1 Abs. 2 Vermögensanlagengesetzes (VermAnlG). Darunter fallen Vermögensanlagen, also nicht in Wertpapieren im Sinne des Wertpapierprospektgesetzes verbriefte Anteile, die eine Beteiligung am Ergebnis eines Unternehmens gewähren, Anteile an einem Vermögen, das der Emittent oder ein Dritter in eigenem Namen für fremde Rechnung hält oder verwaltet (Treuhandvermögen), die nicht als geschlossenes Investmentvermögen im Sinne des KAGB zu qualifizieren sind, Genussrechte und Namensschuldverschreibungen, also zum Beispiel öffentlich angebotene Anteile an einer Genossenschaft wie Investitionen in Windparks, stille Beteiligungen.

Achtung: Seit dem 22. Juli 2013 ist das Gesetz zur Umsetzung der Richtlinie 2011/61/EU über die Verwalter alternativer Investmentfonds (AIFM-Umsetzungsgesetz) in Kraft getreten. Im Rahmen dazu, wurde das Investmentgesetz aufgehoben und durch das Kapitalanlagegesetzbuch (KAGB) ersetzt. Das KAGB wurde für die Regulierung aller Investmentfonds (offene und geschlossene Fonds) und ihre Manager geschaffen. Durch das AIFM-Umsetzungsgesetz wurden auch die Erlaubnistatbestände des § 34f Abs. 1 Nr. 1 bis 3 GewO an die neue Terminologie des KAGB angepasst. Insbesondere wer eine Erlaubnis nach der bisherigen Regelung, also der bis zum 21. Juli 2013 geltenden Fassung des § 34f Abs. 1 Nr. 2 oder 3 GewO hat, sollte seinen Erlaubnisumfang nochmals hinsichtlich der vermittelten Produkte überprüfen.

Es kann nämlich durchaus sein, dass ein Finanzanlagenvermittler, der Anteile an geschlossenen Fonds vermittelt, die nun unter das KAGB fallen, bisher aber nur eine ent-

2.1 Finanzanlagen, für die eine Erlaubnis- und Registrierungspflicht...

sprechende Erlaubnis nach § 34f Abs. 1 Nr. 3 GewO hatte, seit dem 22. Juli 2013 eine Erweiterung der Erlaubnis auf § 34f Abs. 1 Nr. 2 GewO sowie eine Änderung der Registereintragung benötigt. So fallen beispielsweise geschlossene Fonds im Treuhandmodell nach Angaben von Norman Wirth, Fachanwalt für Versicherungsrecht und Finanzwirt, Geschäftsführender Vorstand des AfW – Bundesverband Finanzdienstleistung e. V., seit dem 22. Juli 2013 unter den Erlaubnistatbestand des § 34f Abs. 1 Nr. 2 GewO und nicht wie vorher in § 34f Abs. 1 Nr. 3 GewO.

Ob die Produkte tatsächlich in § 34f Abs. 1 Nr. 2 oder 3 GewO einzuordnen sind, kann in der Regel beim Produktgeber oder auch bei der Bafin erfragt werden.

Die Volljuristin und Prokuristin der Allcura Versicherungs-AG, Frau Michaele Simon-Widmann, erklärt zum Thema Zweitmarktfonds: „,Gebrauchte' Kommanditanteile von Fonds (zum Beispiel Schifffonds, Lebensversicherungsfonds) sind Finanzinstrumente. Wie das Verwaltungsgericht Frankfurt entschieden hat (Anmerkung der Redaktion: Urteil Az.: 9K 3960/12F), sind die Anleger, die ihre Anteile an den Zweitmarkt verkaufen wollen, Anbieter im Sinne von § 2 Abs. 6 Satz 1 Ziff. 8 KWG (Kreditwesengesetz), sodass die Vermittlung je nach Produktkategorie nach § 34f Abs. 1 Nr. 2 oder 3 GewO erlaubnispflichtig ist."

Übrigens: Die Erlaubnis kann im Rahmen des § 34f GewO auch auf eine oder mehrere Produktkategorien, wie sie in § 34f Abs. 1 Nr. 1 bis 3 GewO aufgeführt sind, beschränkt werden.

Wer zum Beispiel nur den Tätigkeitsbereich, wie er in § 34f Abs. 1 Nr. 1 GewO beschrieben ist, ausübt, kann seine Erlaubnis auch nur auf diese Tätigkeitsart und die darin beschriebenen Finanzprodukte beschränken. Dementsprechend muss – zumindest gesetzlich gesehen – dann auch der jeweilige VSH-Versicherungsumfang nur diese Tätigkeit bzw. die hier genannten Produkte abdecken.

2.1.1 Versicherungsvermittler und -berater, die bereits als Finanzanlagenvermittler und Berater tätig sind

Vermittler bzw. Anlageberater, denen es bereits erlaubt war bestimmte Finanzanlagen bis zum 1. Januar 2013 zu vermitteln bzw. eine Beratung durchzuführen, wurde gemäß § 157 GewO eine Übergangsfrist gewährt. Konkret konnten Gewerbetreibende, die bis Jahresanfang 2013 eine Erlaubnis für die Vermittlung bzw. Beratung von Verträgen im Sinne des vor dem 1. Januar 2013 geltenden § 34c Abs. 1 Nr. 2 oder 3 GewO hatten und diese Tätigkeit weiterhin ausüben wollen, noch bis zum 1. Juli 2013 eine Erlaubnis als Finanzanlagenvermittler nach § 34f Abs. 1 GewO beantragen und sich registrieren lassen.

Für die Erlaubniserteilung ist eine entsprechende Berufshaftpflichtversicherung für die Finanzanlagenvermittlung bzw. -beratung notwendig. Da die bereits für die Versicherungsvermittlung gesetzlich vorgeschriebene Vermögensschaden- bzw. Berufshaftpflichtversicherung in der Regel die Risiken einer Finanzanlagenvermittlung nicht enthält, muss der Vermittler, der nicht nur Versicherungen, sondern auch Finanzanlagen vermittelt, sicherstellen, dass der Versicherungsschutz für beide Risiken besteht.

Zudem muss der Finanzanlagenvermittler einen Sachkundenachweis erbringen. Wer unter die Alte-Hasen-Regelung fällt, also seit dem 1. Januar 2006 ununterbrochen als unselbstständiger oder selbstständiger Anlagevermittler oder -berater gemäß § 34c Abs. 1 Nr. 2 und/oder Nr. 3 GewO in der bis zum 31. Dezember 2012 geltenden Fassung tätig war und dies belegen kann, benötigt für den Sachkundenachweis keine Prüfung. Dies gilt auch für Vermittler, die einen prüfungsbefreienden Beruf vorweisen können, wie zum Beispiel Bankkaufmann, Bankfachwirt (IHK), Fachwirt für Versicherungen und Finanzen (IHK), Kaufmann für Versicherungen und Finanzen „Fachrichtung Finanzberatung" oder auch Investmentfondskaufmann. Weitere Berufsqualifikationen, die als Sachkundenachweis dienen, wie ein abgeschlossenes Studium der Fachrichtung Bank, Versicherungen oder Finanzdienstleistung mit mindestens einjähriger Berufserfahrung im Bereich Anlageberatung oder -vermittlung, enthält der § 4 FinVermV. Alle anderen müssen eine erfolgreich bestandene IHK-Sachkundeprüfung nachweisen. Wird der erforderliche Sachkundenachweis nicht bis zum 1. Januar 2015 erbracht, erlischt eine bereits gewährte Erlaubnis.

Achtung: Die Erlaubnis des § 34c Abs. 1 Nr. 2 oder Nr. 3 GewO in der bisherigen Fassung bis zum 1. Januar 2013 ist mit einer bestandskräftigen Entscheidung über den Erlaubnisantrag nach § 34f GewO, spätestens aber zum 1. Juli 2013 erloschen.

Alle Vermittler mit bisheriger § 34c-GewO-Erlaubnis (Abs. 1 Nr. 2 oder 3), die nicht bis zum 1. Juli 2013 eine Erlaubnis nach § 34f GewO erhalten haben, verfügen über keine Erlaubnis mehr, entsprechende Finanzanlagen zu vermitteln oder darüber zu beraten. Es war also wichtig, frühzeitig, also lange vor dem 1. Juli 2013 eine Erlaubnis nach § 34f GewO zu beantragen, da man sonst zwischen dem 1. Juli 2013 und der tatsächlichen Erteilung der Erlaubnis nach § 34f GewO keine Finanzanlagen vermitteln bzw. darüber beraten darf.

2.1.2 Versicherungsvermittler und -berater, die künftig Finanzanlagen mit anbieten möchten

Wer bisher ausschließlich für die Tätigkeit als Versicherungsvermittler oder -berater eine Erlaubnis und Registrierung nach § 34d oder e GewO hatte, muss, wenn er künftig Finanzanlagen vermitteln oder darüber beraten will, eine Erlaubnis nach § 34f GewO beantragen und sich registrieren lassen.

Zudem muss die bestehende Berufshaftpflichtversicherung für die Risiken einer Finanzanlagevermittlung bzw. -beratung entsprechend erweitert oder auch eine zusätzliche Berufshaftpflichtversicherung abgeschlossen werden.

2.1.3 Angestellter Finanzanlagenvermittler- und -berater

Anders als bei der Versicherungsvermittlung nach § 34d GewO müssen bei der Finanzanlagenvermittlung gemäß § 34f Abs. 4 GewO auch angestellte Finanzanlagenvermittler einen Sachkundenachweis erbringen, wenn sie unmittelbar in der Finanzanlagenberatung und -vermittlung tätig sind. Ein Vermittler- bzw. Maklerbüro, bei dem nicht nur Versicherungen, sondern auch Finanzanlagen vermittelt werden, muss also sicherstellen, dass Angestellte, die unmittelbar in der Finanzanlagenberatung und -vermittlung tätig sind, über einen Sachkundenachweis, aber auch über die erforderliche Zuverlässigkeit verfügen. Andernfalls kann dem Unternehmen die Beschäftigung dieser Person untersagt werden.

2.2 Gesetzliche Mindestanforderungen an die Berufshaftpflichtversicherung für Finanzanlagenvermittler und -berater

Die gesetzlichen Anforderungen, die grundsätzlich an eine Berufs- bzw. Vermögensschadenhaftpflichtversicherung für Finanzanlagenvermittler gestellt werden, sind in Abschn. 3 der FinVermV geregelt.

2.2.1 Gesetzlicher Geltungsbereich

Einen gesetzlich geregelten Geltungsbereich für die vorgeschriebene Berufshaftpflichtversicherung für Finanzanlagenvermittler nach § 34f GewO gibt es nicht.

2.2.2 Gesetzliche Mindestdeckungssummen

Die gesetzlich festgelegte Mindestversicherungssumme der Berufshaftpflichtversicherung für Finanzanlagenvermittler betrug bis zum 14. Januar 2013 1.130.000 € für jeden Versicherungsfall und 1.700.000 € für alle Versicherungsfälle eines Jahres. Wie gesetzlich in § 9 Abs. 2 FinVermV vorgeschrieben, änderten sich die Versicherungssummen am 15. Januar 2013 prozentual gemäß den vom statistischen Amt der Europäischen Union, kurz EuroStat, veröffentlichten Änderungen des Europäischen Verbraucherpreisindexes.
Die Mindestversicherungssumme für jeden Versicherungsfall beträgt seitdem für jeden Versicherungsfall 1.230.000 € und für alle Versicherungsfälle eines Jahres 1.850.000 €, wie der Bekanntmachung im Bundesanzeiger des Bundesministeriums für Wirtschaft und Technologie vom 2. Januar 2013 zu entnehmen ist. Zudem ist in der FinVermV eine entsprechende Änderung regelmäßig alle fünf Jahre ab dem genannten ersten Änderungstermin festgeschrieben. Wie hoch die jeweils angepassten Mindestversicherungssummen sind, wird jeweils zum 2. Januar des jeweiligen Jahres, in dem die Anpassung zu erfolgen

hat, durch das Bundesministerium für Wirtschaft und Technologie im Bundesanzeiger veröffentlicht.

2.2.3 Gesetzlich vorgeschriebener Versicherungsumfang

Auch der Mindestversicherungsumfang ist vorgeschrieben. Wörtlich heißt es in § 9 Abs. 3 bis 5 FinVermV: „(3) Der Versicherungsvertrag muss Deckung für die sich aus der gewerblichen Tätigkeit im Anwendungsbereich dieser Verordnung ergebenden Haftpflichtgefahren für Vermögensschäden gewähren. Der Versicherungsvertrag muss sich auch auf solche Vermögensschäden erstrecken, für die der Versicherungspflichtige nach § 278 oder § 831 BGB (Bürgerliches Gesetzbuch) einzustehen hat, soweit die Erfüllungs- oder Verrichtungsgehilfen nicht selbst zum Abschluss einer solchen Berufshaftpflichtversicherung verpflichtet sind. Ist der Gewerbetreibende in einer oder mehreren Personenhandelsgesellschaften als geschäftsführender Gesellschafter tätig, muss für die jeweilige Personenhandelsgesellschaft jeweils ein Versicherungsvertrag abgeschlossen werden; der Versicherungsvertrag kann auch die Tätigkeiten des Gewerbetreibenden nach Satz 1 abdecken.

(4) Der Versicherungsvertrag hat Versicherungsschutz für jede einzelne Pflichtverletzung zu gewähren, die gesetzliche Haftpflichtansprüche privatrechtlichen Inhalts gegen den Versicherungspflichtigen zur Folge haben könnte; dabei kann vereinbart werden, dass sämtliche Pflichtverletzungen bei Erledigung eines einheitlichen Geschäfts als ein Versicherungsfall gelten.

(5) Von der Versicherung kann die Haftung für Ersatzansprüche wegen wissentlicher Pflichtverletzung ausgeschlossen werden. Weitere Ausschlüsse sind nur insoweit zulässig, als sie marktüblich sind und dem Zweck der Berufshaftpflichtversicherung nicht zuwiderlaufen."

Der Gesetzestext ist damit identisch mit § 9 Abs. 3 bis 5 VersVermV, also der Gesetzesgrundlage für die Berufshaftpflichtversicherung für Versicherungsvermittler und -berater. Wie bei den Versicherungsvermittlern und -beratern erstreckt sich die gesetzlich vorgeschriebene Berufshaftpflichtversicherung für die Finanzanlagenvermittler und -berater in erster Linie auf Vermögensschäden, die im Zusammenhang mit den Vermittlungs- und Beratungstätigkeiten resultieren. Nicht verlangt wird ein typischer Betriebshaftpflichtschutz, also die Absicherung von Sach- und/oder Personenschäden, die ein Vermittler im Rahmen seiner Tätigkeit einem Kunden zufügen könnte, beispielsweise wenn er beim Kundenbesuch versehentlich eine Vase oder anderes Inventar beschädigt. Zudem gibt es diverse andere Konstellationen, die nicht unter die Rahmenbedingungen des FinVermV fallen, aber für den Vermittler im Schadenfall sogar existenzgefährdend sein können, und deshalb auch versichert werden sollten.

Jede Personenhandelsgesellschaft, die Finanzanlagen vermittelt oder eine Finanzanlagenberatung durchführt, muss nach § 9 Abs. 3 FinVermV eine entsprechende gesetzlich vorgeschriebene Berufshaftpflichtversicherung haben. Zusätzlich muss auch für den geschäftsführenden Gesellschafter der Personenhandelsgesellschaft, sofern es sich um einen erlaubnispflichtigen Vermittler handelt, ebenfalls eine Berufshaftpflichtversicherung bestehen. Der Versicherungsschutz für das Unternehmen und auch für den oder die Gesellschafter kann in einem Vertrag geregelt sein. Es ist also möglich, zwei separate Berufs- bzw. Vermögensschaden-Haftpflichtversicherungen abzuschließen, nämlich eine für die Personenhandelsgesellschaft und eine für den Erlaubnisinhaber, der als geschäftsführender Gesellschafter tätig ist. Es kann aber auch ein Haftpflichtversicherungsvertrag für die Personenhandelsgesellschaft abgeschlossen werden, in dem festgelegt ist, dass der Versicherungsschutz in der gesetzlich geforderten Höhe auch für den mitversicherten geschäftsführenden Gesellschafter als Erlaubnisinhaber unabhängig von seiner Tätigkeit in der Personenhandelsgesellschaft besteht.

3 Finanzdienstleistungen, für die es keine gesetzlich vorgeschriebene Berufshaftpflichtversicherung gibt

Es gibt immer noch zahlreichen Finanzdienstleistungen sowie Vermittlungs- und/oder Beratungstätigkeiten von Geldanlagen, die nicht unter § 34d und/oder f GewO fallen. Zu solchen Finanzdienstleistungen zählen beispielsweise die Vermittlung und Beratung im Bereich

- Bausparverträge,
- Immobilien und Grundstückskaufverträge,
- Finanzierungen und Leasingverträge,
- Container, einschließlich der hiermit im Zusammenhang stehenden Containerbewirtschaftungsverträge,
- Sachwerte (zum Beispiel physische Edelmetalle, also Gold in physischer Form, Edelsteine etc.),
- nicht rückgedeckte Modelle in der betrieblichen Altersversorgung (bAV)

und/oder

- Sparbücher,

sowie die Tätigkeiten als

- Haus- und Grundstücksverwalter,
- Assekuradeur,
- Honorarberater

und/oder

- Financial Planner oder Vermögensverwalter.

Für diese Finanzdienstleistungen ist keine Berufshaftpflicht- bzw. Vermögensschaden-Haftpflichtversicherung gesetzlich vorgeschrieben.

Zwar ist für die Vermittlung bzw. Beratung für Grundstücke und Immobilien sowie für Darlehen gemäß § 34c GewO eine entsprechende Erlaubnis notwendig und für die Erlaubniserteilung, wie beim Versicherungsvermittler, ein Nachweis der Zuverlässigkeit und der geordneten Vermögensverhältnisse des Vermittlers bzw. Beraters Voraussetzung. Gesetzlich nicht vorgeschrieben ist jedoch ein Sachkundenachweis und eine Berufshaftpflichtversicherung.

Je nachdem, welche Finanzdienstleistungen ein Vermittlers insgesamt anbietet, benötigt ein Vermittler maximal eine dreifache gewerberechtliche Erlaubnispflicht für die Vermittlung von Versicherungen (§ 34d GewO), Immobilien und Darlehen (§ 34c GewO) und Finanzanlagen (§ 34f GewO).

Die Berufshaftpflichtversicherung muss gesetzlich jedoch nur für Versicherungen gem. § 34d GewO und/oder für Finanzanlagen gem. § 34f GewO vorhanden sein. Vermögensschäden, die der Vermittler beispielsweise im Bereich Darlehensvermittlung oder als Haus- und Grundstücksverwalter oder Immobilienmakler anrichtet, sind hier nicht obligatorisch mit abgedeckt.

Keine Erlaubnis für die Ausübung ihrer Tätigkeit nach § 34c, d, e und f GewO benötigen

- Anlageberater, Anlagevermittler, Abschlussvermittler, Anlageverwalter und Finanzportfolioverwalter, Kreditinstitute, die eine Erlaubnis zur gewerblichen Erbringung von Bankgeschäften oder Finanzdienstleistungen im Sinne des § 32 Abs. 1 KWG haben,
- Kapitalverwaltungsgesellschaften, für die eine Erlaubnis nach § 7 Abs. 1 des Investmentgesetzes in der bis zum 21. Juli 2013 geltenden Fassung erteilt wurde, die für den in § 345 Absatz Kapitalanlagegesetzbuchs vorgesehenen Zeitraum noch fortbesteht oder Kapitalverwaltungsgesellschaften oder ausländische AIF-Verwaltungsgesellschaften für die eine Erlaubnis nach den §§ 20, 21, 22 oder 58 KAGB erteilt wurde, sowie Zweigniederlassungen von Unternehmen im Sinne von § 51, § 54 oder § 66 KAGB,
- sowie an ein Einlagenkreditinstitut oder ein Wertpapierhandelsunternehmen gebundene Vermittler in Bezug auf Vermittlungs- und Beratungstätigkeiten nach Maßgabe des § 2 Abs. 10 Satz 1 KWG.

Finanzdienstleister und Vermittler, die nicht nach § 34d und/oder f GewO verpflichtet sind, einen entsprechenden VSH-Vertrag abzuschließen, sollten dennoch für einen ausreichenden VSH-Schutz für alle ihre ausgeübten Tätigkeiten sorgen. Denn ein Beratungsfehler oder bereits der Vorwurf eines Beratungsfehlers und die dadurch notwendige Verteidigung kann nicht nur in den Bereichen, in denen eine Berufshaftpflichtversicherung gesetzlich vorgeschrieben ist, sondern auch in allen anderen ausgeübten Tätigkeitsfeldern zu einem erheblichen finanziellen Schaden führen.

Bedarfsanalyse und Schadenbeispiele 4

So viel zu den gesetzlichen Vorgaben, doch wie kommt man nun zu einer optimalen VSH-Police entsprechend der gesetzlichen Vorgaben und noch viel wichtiger, passend zu den individuellen Anforderungen, die der Vermittler- bzw. Finanzdienstleisterbetrieb mit sich bringen?

Prinzipiell unterscheidet sich die Bedarfsermittlung einer Berufshaftpflicht- bzw. Vermögensschaden-Haftpflichtversicherung nicht von der anderer Versicherungen, die Vermittler ihren Kunden anbieten. Das heißt, auch hier muss der Versicherungsumfang optimalerweise dem Bedarf des Versicherungsnehmers (in diesem Fall also dem Versicherungsvermittler, Versicherungsberater, Finanzanlagenvermittler und/oder sonstigen Finanzdienstleister) entsprechen. Auch wenn die Prämie für die meisten Versicherungsnehmer eine nicht unerhebliche Bedeutung hat, sollte dennoch die richtige Bedarfsabdeckung im Vordergrund stehen.

Wie auch bei den eigenen Kunden des Vermittlers und/oder Finanzdienstleisters gilt: Was nutzt es, wenn der Vermittler bzw. Finanzdienstleister fünf oder auch zehn Jahre 1.000 € im Jahr spart, weil er bestimmte Risiken, die seine Tätigkeit und sein angebotenes Produktportfolio bergen nicht versichert hat, wenn er im Schadenfall wegen des lückenhaften Versicherungsumfangs 50.000 € oder noch mehr aus der eigenen Tasche bezahlen muss?

Wie bei jedem Versicherungskunden sollte auch hier eine gründliche und umfassende Bedarfsanalyse des eigenen Vermittler- bzw. Finanzdienstleisterbetriebes an erster Stelle stehen, um einen optimalen und individuell passenden VSH-Versicherungsschutz zu erhalten.

Norman Wirth, Fachanwalt für Versicherungsrecht und Finanzwirt, Geschäftsführender Vorstand des AfW – Bundesverband Finanzdienstleistung e. V. betont diesbezüglich: „Ganz wichtig: Der Blick auf die Prämie bei der VSH allein genügt nicht! Stattdessen ist zunächst eine Bedarfsanalyse für den jeweiligen Vermittler bzw. das Unternehmen und ein genaues Studium des Bedingungswerkes erforderlich."

Der Leistungsvergleich (s. Kap. 6.) zeigt, welche Kriterien im Einzelnen bei der Wahl eines VSH-Tarifes wichtig sein können.

4.1 Kriterien zur Bedarfsanalyse

Nachfolgend einige Kriterien, die bei der Bedarfsermittlung besonders berücksichtigt werden müssen, damit es nicht zu Absicherungslücken kommt: Versicherungsschutz sollte bestehen für

- die tatsächlich ausgeübte Tätigkeitsart: Wichtig ist, dass alle erlaubnispflichtigen Tätigkeitsarten nach § 34c, d, e, f GewO, aber auch alle anderen Tätigkeitsarten, beispielsweise als Assekuradeur oder Tätigkeiten nach § 32 KWG, egal ob dafür eine Berufshaftpflichtversicherung gesetzlich vorgeschrieben ist oder nicht, versichert sind. Denn jede Tätigkeitsart, auch die ohne gesetzlich vorgeschriebene VSH-Police, wie eine Immobilienvermittlung oder eine Tätigkeit als Vermögensverwalter, können immense Vermögensschäden verursachen.
Ein möglicher Vermögensschaden könnte beispielsweise bei einem Versicherungs- und Immobilienmakler dadurch entstehen, dass er einem Kunden ein Grundstück vermittelt hat, ohne ihn über bestehende Baubeschränkungen zu informieren.
- das angebotene Produktportfolio: Handelt es sich um eine erlaubnispflichtige Tätigkeitsart nach § 34d, e oder f GewO, besteht ein gesetzlich vorgegebener Mindestversicherungsumfang, der zumindest die Vermittlung und/oder Beratung bestimmter Produktarten, die im GewO aufgeführt sind, bereits mitversichert. Es gibt aber auch Produkte, wie Bausparverträge oder Finanzierungs- und Leasingverträge, die nicht in diese Tätigkeitsarten fallen und daher nicht automatisch mitversichert sind. Diese sind daher separat aufzuführen.
Wer beispielsweise nur eine Absicherung als Versicherungsvermittler (§ 34d GewO) hat, allerdings auch Bausparverträge mit anbietet, und diese Produktart nicht im Versicherungsumfang des VSH-Vertrages mit angegeben hat, muss für Beratungsfehler, die ihm bei einem Bausparvertrag unterlaufen sind, selbst aufkommen.
- der örtliche Bereich, in dem der Vermittler bzw. Finanzdienstleister tätig ist: Grundsätzlich ist es wichtig, dass der im VSH-Vertrag vereinbarte Geltungsbereich auch mit dem örtlichen Bereich, in dem der Vermittler bzw. Finanzdienstleister tätig ist, übereinstimmt.
Wer beispielsweise Kunden in der Schweiz betreut, jedoch die Schweiz, die im Übrigen weder zur EU noch zum EWR zählt, nicht als Geltungsbereich versichert hat, ist im Schadenfall eines Schweizer Kunden nicht durch seine VSH-Police abgesichert.
- die Anzahl und Art der Mitarbeiter: Der Vermittler bzw. Finanzdienstleister muss unter Umständen nach § 278 oder § 831 BGB auch für Schäden haften, die der angestellte oder auch freie Mitarbeiter verursacht hat. Daher ist es wichtig, diese als mitversicherte Personen mit in den VSH-Vertrag einzuschließen.

Ein Schadenbeispiel dazu von der Schutzvereinigung deutscher Vermittler von Versicherungen und anderen Finanzdienstleistungen e. V. (SdV): Im Auftrag seines Kunden, einer Agentur für Marketing und Internet-Lösungen, kündigt der Makler XY GmbH die bestehende Elektronikversicherung zum 4. Februar 2001, da die Prämie des Vertrages zu hoch erschien. Bei Eingang der Kündigungsbestätigung versäumte ein Mitarbeiter der XY GmbH, die Verträge neu einzudecken. Zwar hatte der zuständige Mitarbeiter zwischenzeitlich schon Angebote eingeholt, doch dummerweise verließ dieser Kollege die XY GmbH in diesem Zeitraum und vergaß bei seiner Übergabe, auf diesen Vorfall aufmerksam zu machen. Nach einem Elektronikschaden im August 2001, der natürlich nicht mehr versichert war, machte der VN gegen seinen Makler Ansprüche in Höhe von ca. 6.500 € geltend, die sich aus Reparatur, Arbeitsausfall und Datensicherungskosten zusammensetzten. Die Vermögensschadenhaftpflicht leistete nach Prüfung der Ansprüche einen Betrag von 4.400 €.

- die tatsächlich notwendige Versicherungs- bzw. Deckungssummen: Wie in 1.1.2 und 2.2.2 beschrieben, sind zwar die jeweils gesetzlich vorgeschriebenen Mindestversicherungssummen für die Berufshaftpflichtversicherung, die ein Versicherungs- und auch ein Finanzanlagenvermittler von Gesetzes wegen benötigt, vorgegeben. Doch je nach Tätigkeitsart und Produktportfolio bzw. Kundenzielgruppe kann es sein, dass selbst die Mindestversicherungssummen nach § 34d oder f GewO nicht ausreichen, um den höchstmöglichen Einzelschaden oder auch mögliche mehrere Schäden in einem Jahr abzudecken. Für Tätigkeiten, die keiner gesetzlich vorgeschriebenen Berufshaftpflicht unterliegen, gibt es keine vorgeschriebene Mindestversicherungssumme.

Grundsätzlich sollte jedoch jeder Vermittler, egal ob er eine Tätigkeit ausübt, für die eine Berufshaftpflichtpolice vorgeschrieben ist oder nicht, den höchst möglichen Einzelschaden oder auch mögliche Schadenhäufungen im Jahr, die durch alle seine ausgeübten beruflichen Tätigkeitsarten denkbar sind, absichern.

Neben den genannten Kriterien gibt es noch zahlreiche andere Merkmale, beispielsweise bezüglich einer notwendigen Rückversicherung, einer Konditionsdifferenzdeckung, einer gewünschten Nachhaftung und einiges mehr, die es für einen optimalen Versicherungsumfang zu beachten gilt. Details dazu werden im Kap 6. ausführlich beschrieben.

Steht die Bedarfsanalyse, sollten auch die Bedingungswerke der in Frage kommenden VSH-Tarife genau geprüft werden, da sich der Versicherungsumfang zwischen den angebotenen Tarifen erheblich unterscheidet. Dies trifft im Übrigen auch auf VSH-Tarife zu, die „nur" die Tätigkeitsart mit einer gesetzlich vorgeschriebenen Berufshaftpflichtversicherung umfassen, wie zum Beispiel einer Tätigkeit nach § 34d GewO. Der Gesetzgeber erlaubt nach § 9 Abs. 5 VersVermV und FinVermV nämlich alle Ausschlüsse, die als marktüblich gelten und dem Zweck der Berufshaftpflichtversicherung nicht zuwiderlaufen. Derartige teils in den Tarifen anzutreffenden Ausschlüsse sind beispielsweise der Ausschluss von Ansprüchen Angehöriger oder der Ausschluss des Abwehrschutzes beim Vorwurf wissentlicher Pflichtverletzung. Während in einigen Tarifen Leistungsbestandteile, die ausgeschlossen werden können, entweder standardmäßig oder zumindest optional im Versicherungsumfang versichert sind, werden diese bei anderen Tarifen kategorisch ausgeschlossen.

Prinzipiell empfiehlt Norman Wirth: „Versicherungsvermittler sollten dringend bei jedem neuen Kunden an ihre eigene VSH denken. In dem Moment, wo sie ein hohes Risiko des Kunden besprechen oder dann auch versichern, ist es zugleich ein ebenso hohes Risiko für sie selbst."

4.2 Schadenbeispiele im Versicherungsbereich

Keiner ist fehlerfrei. Im hektischen Vermittleralltag kann es schnell passieren, dass Anträge oder wichtige Unterlagen versehentlich nicht oder nicht zeitnah an den Produktgeber (zum Beispiel Versicherer) weitergereicht werden. Fehlerquellen, wie die eigene Vergesslichkeit des Vermittlers, ein Kommunikationsproblem mit dem Mitarbeiter oder auch einfach ein technischer Fehler, beispielsweise eine Störung im Faxgerät, gibt es viele. Auch Namensverwechslungen bei Kundenauskünften kommen immer wieder vor. Darüber hinaus ist selbst der beste Vermittler nicht vor eigenen Fehleinschätzungen bezüglich eines zu versichernden Risikos gefeit. Selbst kleinere Leichtsinnsfehler wie ein Zahlendreher, beispielsweise bei der eilig erstellten Deckungszusage, sind möglich und können einen teuren Vermögensschaden nach sich ziehen.

Folgende Schadenbeispiele, die hauptsächlich von der Schutzvereinigung deutscher Vermittler von Versicherungen und anderen Finanzdienstleistungen e. V. (SdV) exemplarisch zusammengestellt wurden, zeigen ausschnittsweise, was beispielsweise einem Versicherungsvermittler alles unterlaufen kann:

- Kfz-Versicherung: Für die Kfz-Neuzulassung hatte ein Versicherungsvermittler seinem Kunden, der es eilig hatte zur Kfz-Zulassungsstelle zu kommen, zwar die eVB-Nr. mitgeteilt, aber dabei vergessen, ihm eine Vollkasko mit anzubieten. Nachdem der VN einen Verkehrsunfall selbst verschuldet hatte, wollte der den Wert des eigenen Fahrzeugs in Höhe von 85.000 € vom Vermittler ersetzt bekommen. Die VSH-Versicherung leistete entsprechend.
- Privathaftpflichtversicherung: Ein Vermittler hatte versehentlich den Antrag auf Umdeckung einer Privathaftpflichtversicherung nicht weitergeleitet. Nachdem der alte Versicherungsvertrag bereits beendet war, aber aufgrund der Vergesslichkeit des Vermittlers kein Anschlussvertrag zustande kam, verursachte der Kunde einen Ski-Unfall mit einem Schaden in Höhe von 400.000 € inklusive der Rechtsstreitkosten im Ausland, den letztendlich die VSH-Versicherung übernahm.
- Hausratversicherung: Der Makler erhielt vom Kunden ein umfassendes Maklermandat mit dem Auftrag, die bestehenden Versicherungen zu überprüfen und nach Möglichkeit unter Erhaltung des Versicherungsschutzes eine günstigere Deckung zu suchen. Im Zuge der Neueindeckung gelang es dem Makler, eine billigere Hausratversicherung zu finden. Der alte Vertrag wurde gekündigt und der neue Vertrag ohne zeitliche Unterbre-

chung abgeschlossen. Nach einer Überschwemmung des Kellers und des Erdgeschosses durch ein Hochwasser belief sich der Schaden auf 175.000 €. Nach Meldung des Schadens bei der neuen Versicherung stellte sich heraus, dass das Elementarschaden-Risiko nicht versichert ist. Bei der gekündigten Vorversicherung war dieses Risiko aber ausdrücklich mitversichert. Der Makler wurde auf Ersatz des Schadens zum Neupreis, entsprechend den Bedingungen der neuen Versicherung bei Einschuss des Elementarschaden-Risikos, haftbar gemacht.

- Rechtsschutzversicherung Beispiel 1: Ein Kunde beauftragte einen Versicherungsmakler mit dem Abschluss einer Rechtsschutzversicherung. Der Kunde selbst war Rentner, seine Ehefrau dagegen noch voll erwerbstätig. Beides war dem Makler bekannt. Der Makler schloss eine Rechtsschutzversicherung ab, in der lediglich eine abgespeckte Form des Arbeitsrechtsschutzes enthalten war, da der Kunde ja Rentner sei. Anschließend kam es zu einem Arbeitsrechtsstreit der in der Rechtsschutzversicherung mitversicherten Ehefrau. Für diesen Rechtsstreit bestand aufgrund der Beschränkungen im Bereich des Arbeitsrechtsschutzes keine Deckung. Der Makler wurde daher aufgefordert, die Kosten entsprechend den Bedingungen einer vollwertigen Rechtsschutzversicherung zu übernehmen. Die VSH-Versicherung übernahm hier die Funktion der Arbeitsrechtsschutzversicherung und trug die Kosten des arbeitsgerichtlichen Verfahrens.
- Rechtsschutzversicherung Beispiel 2: Ein Kunde informierte seinen Versicherungsmakler über den Verkauf seiner Firma. Der Makler nahm daraufhin Kontakt mit dem Erwerber auf und konnte die Übertragung der vorhandenen Versicherungen erzielen. Leider vergaß er dabei, dass in den betrieblichen Versicherungen auch teilweise die privaten Absicherungen, konkret die private Haftpflicht- und Rechtschutzversicherung, des bisherigen Firmeninhabers enthalten waren. Erst bei einem Rechtstreit des ehemaligen Firmeninhabers mit einer Kfz-Reparaturwerkstatt fiel diese Unterlassung auf und es kam zu einem Anspruch gegen den Makler in Höhe von rund 6.000 €, die von der Vermögensschaden-Haftpflichtversicherung übernommen wurden.
- Gebäudeversicherung: Ein Makler erhielt vom Kunden den Auftrag, eine Gebäudeversicherung abzuschließen. Im Garten des Hauses stand ein Springbrunnen. Aus zahlreichen Besuchen waren dem Makler die örtlichen Begebenheiten bekannt. Bei einem Gewitter schlug der Blitz in den Brunnen ein, der dadurch beschädigt wurde. Entgegen der Erwartung des Maklers und des Kunden stellte sich heraus, dass der Brunnen von der Gebäudeversicherung nicht erfasst wurde. Der Makler wurde auf Ersatz des Schadens entsprechend den Bedingungen der Gebäudeversicherung unter Einschluss des Springbrunnens haftbar gemacht, die letztendlich von der VSH-Versicherung getragen wurde.
- Berufsunfähigkeitszusatzversicherung: Ein Bauunternehmer hatte bei seinem Versicherungsmakler eine Berufsunfähigkeitszusatzversicherung in Höhe von Euro 1.500 monatlich abgeschlossen. Wieder in seinem Büro, fiel dem Makler ein, dass der Bauunternehmer selbst nur rein kaufmännisch tätig ist und die eigentliche Bautätigkeit von seinen Angestellten vorgenommen wird. Er änderte daraufhin den Tarif, sodass die Prämie günstiger wurde. Der Bauunternehmer zeichnete den geänderten Antrag

gegen und sendete diesen zurück. Jahre später geriet die Firma des Versicherungsnehmers in eine Schieflage. Arbeiter mussten entlassen werden und der Bauunternehmer wurde wieder selbst auf den Baustellen tätig. Nach seinem jährlichen Besuch vergaß der Makler die berufliche Veränderung dem Versicherer zu melden. Kurz darauf wurde der Bauunternehmer berufsunfähig, die Versicherung verweigerte jedoch die Zahlung. Der Bauunternehmer verklagte daraufhin seinen Makler und die Vermögensschaden-Haftpflichtversicherung leistete eine Entschädigung von etwas mehr als 570.000 €.

- Betriebsinhaltsversicherung: Der Inhaber eines Optikfachgeschäftes und eines Juwelierladens war Kunde bei einem Versicherungsmakler. Die Inhaltsversicherungen wurden, da eine Neuordnung gewünscht war, zur nächsten Fälligkeit gekündigt – der Vertrag des Optikergeschäfts zum 1. September, der andere Vertrag zum 31. Dezember. Für den Juwelierladen sollte zunächst kein neuer Vertrag geschlossen werden, da der Versicherungsnehmer mit dem Gedanken spielte, dieses Gewerbe abzumelden. Der Makler verwechselte daraufhin die Abläufe der beiden Verträge und holte Angebote für das Optikergeschäft zum darauf folgenden 1. Januar ein. Es bestand somit für die Zeit vom 1. September bis 31. Dezember kein Versicherungsschutz. In diesem Zeitraum wurde in das Geschäft eingebrochen und Waren im Wert von rund 150.000 € entwendet. Die Vermögensschaden-Haftpflichtversicherung hat den vollen Betrag abzüglich der vereinbarten Selbstbeteiligung überwiesen.
- Krankenversicherung: Ein Kunde wurde nach einem Verkehrsunfall schwer verletzt ins Krankenhaus eingeliefert. Er war nicht in der Lage, selbst Angaben zum Umfang seines Versicherungsschutzes zu machen. Entsprechend fragte die Ehefrau des Verunglückten beim seinem Versicherungsmakler nach, welche Arzt- bzw. Krankenhausleistungen in Anspruch genommen werden können. Infolge einer Namensgleichheit verwechselte der Makler die Kundenunterlagen und gab die Auskunft, dass Anspruch auf sogenannte Wahlleistungen (Einbettzimmer, Chefarztbehandlung) bestehen würden. Es bestand für den Verunglückten aber tatsächlich lediglich Anspruch auf Unterbringung in einem Mehrbettzimmer. Aufgrund des mehrwöchigen Krankenhausaufenthalts fielen erhebliche Kosten an. Die nicht vom Krankenversicherer übernommenen Differenzbeträge wurden im Wege des Schadenersatzes gegenüber dem Makler geltend gemacht. Zwar stellte sich der Makler zunächst auf den Standpunkt, dass der Kunde ohnehin die teuren Leistungen in Anspruch genommen hätte (trotz fehlenden Versicherungsschutzes) und seine Vermögenslage nicht schlechter geworden war; vor dem Hintergrund des Sachwalterurteils konnte diese Argumentation allerdings nicht mit Aussicht auf Erfolg aufrechterhalten bleiben. Letztlich hätte der Makler beweisen müssen, dass der Kunde bei zutreffender Auskunft die teuren Leistungen in Anspruch genommen hätte. Dieser Beweis hätte nicht geführt werden können. Der Schadenfall wurde von der VSH-Versicherung mit 7.500 € reguliert.
- Maschinenversicherung: Ein Makler erhielt den Auftrag zur Vermittlung einer Maschinenversicherung. Bei der Ermittlung der Versicherungssumme wäre die Angabe des Maschinenwertes, welche dem Listenpreis der Maschine zum aktuellen Neupreis entspricht, notwendig gewesen. Der Kunde gab in dem Formular stattdessen den Kaufpreis

der gebraucht erworbenen Maschine an, da eine entsprechende Erläuterung seitens des Maklers nicht erfolgte. Nach Eintritt des Versicherungsfalles wurde eine Unterversicherung festgestellt und der Makler für die nicht übernommenen Reparaturkosten haftbar gemacht. Hier regulierte der Vermögensschaden-Haftpflichtversicherer den sich aus der Unterversicherung ergebenden Anteil zum versicherten Neuwertschaden, unter Abzug des ersparten Prämienanteils zur Vollversicherung.

Doch die VSH-Versicherung zahlt nicht nur notwendige Entschädigungen, wenn es zum Schaden gekommen ist, sie wehrt auch unberechtigte Forderungen ab, wie die nachfolgenden Fälle zeigen:

- Rentenversicherung: Ein Makler hatte einer langjährigen Kundin zum Abschluss einer Rentenversicherung mit monatlichen Leistungen von 500 € geraten. Diese folgte seiner Empfehlung. Nach einer Laufzeit von ungefähr fünf Jahren erwartete die Kundin Zwillinge und änderte ihre Lebensplanung. Sie wollte mittelfristig aus dem aktiven Berufsleben ausscheiden. Die monatlichen Belastungen für die Rentenversicherung wurden dadurch als zu hoch erachtet. Nach einer Beratung mit dem Makler entschloss sich die Kundin zum Abschluss einer neuen Rentenversicherung mit geringeren Monatsbeiträgen und einer risikoreicheren Anlagestrategie. Die erste Rentenversicherung wurde beitragsfrei gestellt. Im Nachhinein und in Anbetracht der Turbulenzen am Aktienmarkt, mit entsprechend nachteiligen Auswirkungen auf die Performance der neuen Rentenversicherung, wurden durch die Kundin Ansprüche gegen den Makler wegen Verletzung von Beratungspflichten erhoben. Als Schadenersatzanspruch wurden unspezifiziert Vermögensschäden wegen der Beitragsfreistellung der ersten Rentenversicherung und steuerliche Nachteile durch den Abschluss der neuen Rentenversicherung (wegen des Verlustes des Steuerprivilegs, wie sie für Altverträge bis 31. Dezember 2004 bestanden) geltend gemacht. Darüber hinaus wurde bei der Beratung über die Beitragsfreistellung und den Abschluss der neuen Rentenversicherung kein gefordertes Beratungsprotokoll erstellt. Im Zuge der Bearbeitung des Beitragsfreistellungsantrages erhielt die Kundin vom Versicherer ein Bestätigungsschreiben, aus dem die Leistungsentwicklung durch die Beitragsfreistellung ersichtlich wurde. Zudem wurde damit eine 14-tägige Bedenkzeit zur Rücknahme des Freistellungsgesuches ausgesprochen. Da diese ungenutzt verstrichen ist und die darin enthaltenen Belehrungen für ausreichend erachtet wurden, blieb die unterlassene Protokollierung ohne Folgen. Ferner trafen den Makler keine besonderen steuerlichen Hinweispflichten für Lebensversicherungsprodukte. Es galten insoweit die gesetzlichen Regelungen für die steuerliche Entwicklung von Ertragsanteilen aus der Lebensversicherung. Auf diese wurde und wird im Regelfall in den Versicherungsbedingungen oder im Antrag hingewiesen. Die gegen den Makler erhobenen Ansprüche konnten erfolgreich von der VSH-Versicherung abgewehrt werden.
- Krankenversicherung: Ein Kunde, der privat krankenversichert – seine Ehefrau hingegen gesetzlich krankenversichert – war, beabsichtigte in eine andere private Kranken-

versicherung zu wechseln. In der Folge sollte auch die Tochter dort mitversichert werden. Die Entbindung des zweiten Kindes stand in Kürze an. Nach der Geburt empfahl der Makler den Abschluss einer neuen gemeinsamen privaten Krankenversicherung für den Kunden, seine erste Tochter und für das neugeborene Kind, um eine günstigere Prämie zu erhalten. Dem Makler war bekannt, dass die Kosten der Entbindung und der Erstversorgung des Neugeborenen von der gesetzlichen Krankenkasse der Mutter übernommen werden. Aufgrund der vorhandenen privaten Krankenversicherung des Vaters kam ein prämienfreier dauerhafter Einschluss des Kindes in die gesetzliche Krankenkasse der Mutter aber nicht in Betracht. Bei dem Neugeborenen lag aber eine Frühgeburt vor, die eine über die übliche Erstversorgung des Kindes hinausgehende Behandlung erforderlich machte. Diese wurde von der gesetzlichen Krankenkasse der Mutter nicht übernommen und privat abgerechnet. Durch einen Antrag bei der zum Zeitpunkt der Geburt noch bestehenden Vorversicherung des Vaters wäre problemlos eine Mitversicherung des neugeborenen Kindes möglich gewesen. Die einschlägige Frist sowie der Wechsel zur neuen Versicherung waren zum Zeitpunkt der Zustellung der Rechnung bereits abgelaufen. Der Vorwurf gegen den Makler stützte sich darauf, die notwendigen Antragsfristen zum Einschluss des zweiten Kindes in die private und zum Zeitpunkt der Geburt bestehende, bzw. die nach der Geburt abgeschlossene neue Krankenversicherung für die Behandlungskosten des frühgeborenen Kindes nicht eingehalten zu haben. Der Makler war für diese von der gesetzliche Krankenversicherung nicht umfassten Kosten haftbar gemacht worden. Die Klage gegen den Makler wurde allerdings in erster Instanz abgewiesen. Es war streitig, ob dem Makler bekannt war, dass eine Frühgeburt bzw. eine über die normale Erstversorgung hinausgehende Behandlung erfolgt war. Aus den Unterlagen, die dem Makler vorgelegt wurden, ergab sich nämlich die Geburt eines gesunden Kindes.

Anbieter der Vermögensschaden-Haftpflichtversicherung 5

Es gibt rund ein Dutzend Versicherer bzw. Risikoträger, die derzeit in Deutschland eine Berufshaft- bzw. Vermögensschaden-Haftpflichtversicherung für Versicherungsmakler, -vertreter und -berater selbst oder durch andere anbieten.

Zudem offerieren diverse Assekuradeure, auf Versicherungsvermittler und -berater spezialisierte Versicherungsmakler, Versicherungsvermittlerverbände und Servicegesellschaften die entsprechenden Deckungskonzepte und VSH-Tarife.

In Tab. 5.1 sind alle der Buchredaktion zum Zeitpunkt der Buchrecherche bekannten VSH-Anbieter aufgeführt. Im sich anschließenden Kapitel, dem „Leistungsvergleich", sind alle Anbieter mit aufgeführt, die bei der Anfrage der Buchredaktion bezüglich einer Marktübersicht teilgenommen haben.

Tab. 5.1 Anbieter und/oder Risikoträger (Versicherer) von Vermögensschaden-Haftpflichtversicherungen für Versicherungsvermittler und Finanzdienstleister

Unternehmen	Adresse	Telefon, Fax	Internet, E-Mail-Adresse
Versicherungsgesellschaften (Risikoträger)			
Allcura Versicherungs-Aktiengesellschaft	Schauenburgerstraße 27, 20095 Hamburg	T: 040 22633780, F: 040 226337888	www.allcura-versicherung.de, kontakt@allcura-Versicherung.de
Allianz Versicherungs-AG	Königinstraße 28, 80802 München	T: 089 38000, F: 089 349941	www.allianz.de
AXA Versicherung AG	Colonia-Allee 10-20, 51067 Köln	T: 0800 3203205, F: 0800 3557035	www.axa.de, info@axa.de
Ergo Versicherung AG	Victoriaplatz 2, 40198 Düsseldorf	T: 0800 3746000, F: 0211 4771500	www.ergo.de
HDI Versicherung AG	HDI-Platz 1, 30659 Hannover	T: 0511 6450, F: 0511 6454545	www.hdi.de, info@hdi.de
Liberty Mutual Insurance Europe Ltd. (ausschließlich Risikoträger)	Im Mediapark 8, 50670 Köln	T: 0221 50052201, F: 0 221 50052299	www.liueurope.com
Nürnberger Allgemeine Versicherungs-AG	Ostendstraße 100, 90334 Nürnberg	T: 0911 5315, F: 0911 5313206	www.nuernberger.de, info@nuernberger.de
R+V Allgemeine Versicherung AG	Raiffeisenplatz 1, 65189 Wiesbaden	T: 0800 5331112, F: 0611 5334500	www.ruv.de, ruv@ruv.de
Signal Iduna Gruppe	Joseph-Scherer-Straße 3, 44139 Dortmund	T: 0231 1350, F: 0231 1354638	www.signal-iduna.de, info@signal-iduna.de
Torus Insurance (Europe) AG	Spichernstraße 8, 50672 Köln	T: 0221 952700, F: 0221 95270270	www.torusinsurance.com, koeln@torusinsurance.com
Zurich Gruppe Deutschland	Solmsstraße 27-37, 60486 Frankfurt	T: 069 71150, F: 069 71153358	www.zurich.de, service@zurich.de
Versicherungsmakler und Assekuradeure			
Assist Assekuranz GmbH	Marienstraße 20, 40212 Düsseldorf	T: 0211 3697640, F: 0211 3697643	www.assist-assekuranz.de, vermoegensschaden@assist-assekuranz.de
ATS FinanzService UG & Co. KG	Haselbacher Straße 38 b, 87757 Kirchheim	T: 08266 8692330, F: 08266 86923320	www.ats-finanzgruppe.com, mail@ats-finanzgruppe.com

5 Anbieter der Vermögensschaden-Haftpflichtversicherung

Tab. 5.1 Fortsetzung

Unternehmen	Adresse	Telefon, Fax	Internet, E-Mail-Adresse
Ralf W. Barth GmbH	Borsteler Chaussee 51, 22453 Hamburg	T.: 040 507960680, F.: 040 50796099690	www.rwb-finanz.de, vh@rwb-finanz.de
Corporate Insurance Versicherungsmakler GmbH	Riesebusch 32-34, 23611 Bad Schwartau	T.: 0451 2009710, F.: 0451 2009712	www.corporate-insurance.de, mail@corporate-insurance.de
Dannenberg Versicherungsmakler GmbH	Jägerstraße 6, 01324 Dresden	T.: 0351 214410, F.: 0351 2144116	www.dannenberg-makler.de, dresden@dannenberg-makler.de
Domcura AG	Theodor-Heuss-Ring 49, 24113 Kiel	T.: 0431 546540, F.: 0431 54654666	www.domcura.de, info@domcura.de
Hans John Versicherungsmakler GmbH	Ziethenstraße 14a, 22041 Hamburg	T.: 040 6569540, F.: 040 65695454	www.haftpflicht-vermoegen.de, hans.john@t-online.de
HVR GmbH	Jungfernstieg 49, 20354 Hamburg	T.: 040 35090630, F.: 040 35090633	www.hvr-net.de, info@hvrmail.de
ias Internationale Assekuranz-Service GmbH	Kleiner Ort 1, 28357 Bremen	T.: 0421 202320, F.: 0421 2023222	www.ias-bremen.de, info@ias-bremen.de
Manager Assecuranz Compagnie GmbH	Graf-Lehndorff-Straße 3, 81829 München	T.: 089 95444880, F.: 089 95444881	www.managerassecuranz.de, schaaff@managerassecuranz.de
Nordias GmbH	Theodor-Heuss-Ring 49, 24113 Kiel	T.: 0431 54654716, F.: 0431 5465499731	www.nordias.de, vh@nordias.de
Ratzke & Ratzke Versicherungsmakler GmbH	Altplauen 19, 01187 Dresden	T.: 0351 413880, F.: 0351 4138819	www.rrvm.de, info@rrvm.de
Willis GmbH & Co.KG	Solmsstraße 71-75, 60486 Frankfurt	T.: 069 8484550, F.: 069 8484551330	www.willis.de, kontakt@willis.com
Makler- bzw. Vermittlerpools und Servicegesellschaften			
ASC Assekuranz-Service Center GmbH	Harburgerstraße 13, 95444 Bayreuth	T.: 0921 764460, F.: 0921 7644620	www.asc-online.de, info@asc-online.de
BCA AG	Hohemarkstraße 22, 61440 Oberursel	T.: 06171 9150170, F.: 06171 9150171	www.bca.de, vsh@bca.de

Tab. 5.1 Fortsetzung

Unternehmen	Adresse	Telefon, Fax	Internet, E-Mail-Adresse
ConceptIF AG	Friedrich-Ebert-Damm 160 a, 22047 Hamburg	T: 040 696355330, F: 040 696355359	www.conceptif.de, sach@conceptif.de
Consensus Maklerverbund GmbH	Miesners Hof 1, 27383 Scheeßel	T: 04263 911400, F: 04263 9114040	www.consensus.de, info@consensus.de
Conzepta Servicegesellschaft für Versicherungsvermittler mbH	Steinerne Brücke 2, 34233 Fuldatal	T: 0561 70522830, F: 0561 70522840	www.conzepta.com, info@conzepta.com
Charta Börse für Versicherungen AG	Steinstraße 31, 40210 Düsseldorf	T: 0211 864390, F: 0211 8643998	www.charta.de, info@charta.de
FinanzNet Holding AG	Mielenforster Straße 8, 51069 Köln	T: 0221 9697690, F: 0221 96976920,	www.finanznet.com, info@finanz.net
Fonds Finanz Maklerservice GmbH	Riesstraße 25, 80992 München	T: 089 1588150, F: 089 1588350	www.fondsfinanz.de, maklerbetreuung@fondsfinanz.de
GSR Maklerverbund GmbH	Gottesackerstraße 11, 85221 Dachau	T: 08131 31900, F: 08131 319020	www.gsr.de, info@gsr.de
Invers GmbH/Invers Versicherungsvermittlungs GmbH	Sportplatzweg 15, 04178 Leipzig	T: 0341 5256200, F: 0341 5256201	www.invers-gruppe.de, Service@invers-gruppe.de
Jung, DMS & Cie. AG	Kormoranweg 1, 65201 Wiesbaden	T: 0611 3353500, F: 0611 3353350	www.jungdms.de, info@jungdms.de
Swiss Life Partner GmbH	Berliner Straße 85, 80805 München	T: 0800 8748757, F: 089 381094694	www.swisslife-weboffice.de, info@slpag.de
VUV GmbH	Fischbachstraße 70-74, 50127 Bergheim	T: 02271 995330, F: 02271 9953379	www.vuv-gruppe.de, info@vuv-gruppe.de
WIFO Wirtschafts- & Fondsanlagenberatung und Versicherungsmakler GmbH	Gewerbering 15, 76287 Rheinstetten	T: 07242 9300, F: 07242 930100	www.wifo.com, info@wifo.com

5 Anbieter der Vermögensschaden-Haftpflichtversicherung

Tab. 5.1 Fortsetzung

Unternehmen	Adresse	Telefon, Fax	Internet, E-Mail-Adresse
Vermittlerverbände			
Bundesverband Deutscher Versicherungskaufleute e. V. (BVK)	Kekuléstraße 12, 53115 Bonn	T.: 0228 228050, F.: 0228 2280550	www.bvk.de, bvk@bvk.de
Bundesverband mittelständischer Versicherungs- und Finanzmakler e. V. (BMVF)	Elseyer Straße 79, 58119 Hagen	T.: 02334 8081990, F.: 02334 80819590	www.bmvf.de, info@bmvf.de
Schutzvereinigung deutscher Vermittler von Versicherungen und anderen Finanzdienstleistungen e. V. (SdV)	Löfflerstraße 5a, 80999 München	T.: 089 81893342, F.: 089 81893351	www.sdv-online.de, info@sdv-online.de
Verband Deutscher Versicherungsmakler e. V. (VDVM)	Cremon 33/34, 20457 Hamburg	T.: 040 3698200, F.: 040 36982022	www.vdvm.de, vdvm@vdvm.de
VDW – Verband deutscher Wirtschaftsberater e. V.	Postfach 1526, 73223 Kirchheim	T.: 0800 5040200, F.: 07021 504020	www.vdw.net, geschaeftsstelle@vdw.net
VEMA Versicherungs-Makler-Genossenschaft e.G. (Zum Zeitpunkt der Buchrecherche hatte die VEMA nach Angaben des Vorstandsvorsitzenden Hermann Hübner noch keinen eigenen VSH-Rahmenvertrag, war jedoch in Verhandlungen)	Unterkonnersreuth 29, 95500 Heinersreuth	T.: 0921 1503939, F.: 0921 1503940	www.vema-eg.de, info@vema-eg.de

Die Tabelle erhebt keinen Anspruch auf Vollständigkeit und stellt auch keine Empfehlung dar. Der Verlag und der Autor können keine Haftung für die Richtigkeit der Daten übernehmen. © Redaktionsbüro Zwick

Leistungsvergleich 6

Um einen umfangreichen Marktüberblick zu bekommen, hat die Buchredaktion alle ihr bekannten Tarifanbieter in Deutschland in Form einer tabellarischen Abfrage gebeten, Informationen zu ihren entsprechenden VSH-Tarifen zuzusenden. Insgesamt übermittelten 16 Anbieter Informationen zu 21 unterschiedlichen VSH-Tarifen.

Einige andere sahen sich aus verschiedenen Gründen nicht im Stande, die Fragen zu beantworten. So schreibt beispielsweise die Allianz Deutschland AG: „Aus geschäftspolitischen Gründen können wir leider nicht daran teilnehmen, hierfür bitte ich um Verständnis."

Und auch die Konzernkommunikation der AXA Konzern AG wollte keinen eigenen Tarif vorstellen und teilte uns mit: „Wir zeichnen das Geschäft zwar in beiden Bereichen (Versicherungs- und Finanzvermittler). Unser Schwerpunkt liegt allerdings bei Rahmenverträgen für besondere Kundengruppen (Verbandsmitglieder etc.), deren Prämien und Bedingungen individuell an die besonderen Kundenbedürfnisse der Zielgruppe angepasst sind. Wir möchten Sie daher um Verständnis bitten, dass wir uns entschieden haben, nicht an Marktübersichten teilzunehmen. Vielen Dank."

Die Signal Iduna Gruppe antwortete auf die Anfrage noch im September 2012: „Derzeit überarbeiten wir unsere VH-Produkte für Versicherungsvermittler. Im Januar 2013 werden wir eine modifizierte Fassung einführen, die dann neben den Änderungen gemäß FinVermV auch die neuen gesetzlichen VS berücksichtigt." Im Januar 2013 hieß es dann von der Unternehmenskommunikationsabteilung: „Da wir… in dem von Ihnen abgefragten Segment in der Regel lediglich als beteiligte Gesellschaft aktiv sind, können wir Ihnen dazu leider keine Informationen liefern. Jede Aussage zu tariflichen Details, Größenordnungen von Kundenverbindungen sowie deren Zusammensetzung berührte schließlich die Rechte der führenden Gesellschaften. Die durch uns geführten Verbindungen sind durch individuelle Verträge entstanden und bilden damit keine hinreichende Basis für die Analyse von tariflichen Strukturen."

Auch die Gothaer Finanzholding AG erklärte noch im Herbst 2012: „Die Gothaer zeichnete bisher keine Vermögensschaden-Haftpflichtversicherungen für reine Finanzanlagenvermittler. Wir werden auch künftig nur in einigen selektiven Fällen – hier gebündelt mit der Vermögensschaden-Haftpflichtversicherung für Versicherungsvermittler – Versicherungsschutz zur Verfügung stellen. Ein neues pflichtversicherungskonformes Produkt (Bedingungen und Tarif) haben wir im Hinblick auf eine mögliche Gewerbeordnungsanpassung – betrifft die Behandlung von nicht am öffentlichen Markt gehandelten Produkten (Private Placement) und den damit verbundenen erforderlichen Pflichtversicherungsumfang – noch nicht erarbeitet. Rechtzeitig vor dem Inkrafttreten der neuen Pflichtversicherung der FinVermV per 1. Januar 2013 werden ein entsprechendes Produkt und die Zeichnungskriterien der Gothaer stehen." Auf unsere erneute Anfrage im Januar 2013 hieß es dann von der Gothaer Allgemeine Versicherungs-AG: „Die Gothaer ist im Bereich der Versicherungsvermittler und Finanzdienstleister nur sehr selektiv unterwegs, wir bewegen uns in diesem Geschäftsfeld punktuell und nicht mit Marktkonzepten oder offiziellen Tarifen. Insofern haben Sie bitte Verständnis, dass wir Ihnen keine Unterlagen o.ä. zur Verfügung stellen können."

Die Pressereferentin der Zurich Gruppe Deutschland erklärte: „Zurich bietet in diesem Geschäftsfeld nur individuell Versicherungsschutz, sodass wir Ihre Fragen nicht generell beantworten können."

Andere VSH-Risikoträger wie die HDI antworteten gar nicht, sodass letztendlich von elf angeschriebenen Versicherern nur vier an der Marktübersicht teilnahmen.

Auch manche Assekuradeure oder Deckungskonzeptmakler sahen sich nicht im Stande, die Anfrage in Form einer tabellarischen Marktübersicht, die immerhin 16 Wettbewerber für 21 Tarife ausfüllen konnten, zu beantworten.

So antwortete uns Torsten Rehfeld, ein Geschäftsführer der Hans John Versicherungsmakler GmbH, Folgendes: „… unter Bezugnahme auf Ihre eilige Presseanfrage teilen wir Ihnen mit, dass wir an derartigen ‚Vergleichen' in der Regel nicht teilnehmen, wie Sie ja inzwischen auch bemerkt haben. … Die Beantwortung der deckungsrechtlich teilweise relevanten Fragestellungen mit Ja/Nein ist häufig gar nicht möglich, da weitere Faktoren eine Rolle spielen. Man kann es so machen, aber es ist eben unvollständig. Sofern hierzu mal ein Vergleich mit den deckungsrechtlich relevanten Statements erstellt wird, könnten wir uns eine Teilnahme vorstellen."

Einige Anbieter waren auch im Februar 2013 noch nicht in der Lage, einen aktuellen Tarif anzubieten. Der VDVM teilte uns beispielsweise im Februar 2013 mit: „Wir möchten jedoch zur Zeit keine Stellung nehmen und bitten um Verständnis. Wir haben mit der Ergo einen sehr umfassenden Rahmenvertrag ausschließlich für unsere Mitglieder, den wir aktuell noch um einige Bestandteile erweitern wollen. Die Verhandlungen sind noch nicht abgeschlossen und werden auch noch einige Zeit in Anspruch nehmen."

Ein Anbieter wies sogar daraufhin, dass gemäß der FinVermV eine Übergangsfrist bis zum 1. Juli 2013 besteht, und es reiche – seiner Meinung nach –, wenn Versicherungsvermittler, die auch als Finanzanlagenvermittler tätig sind, dann einen entsprechenden VSH-Schutz hätten. Schließlich würde der Versicherer „sehr wahrscheinlich" rückwirkend den notwendigen Versicherungsschutz gewähren. Ob dies jedoch für einen Versicherungsvermittler zufriedenstellend ist und er sich dadurch ausreichend abgesichert sieht, darf angezweifelt werden.

Folgende Anbieter haben ausführliche Angaben zu ihren VSH-Tarifen gegeben und sind in den nachfolgenden Leistungsvergleichstabellen aufgeführt:

- Anbieter: Allcura Versicherungs-Aktiengesellschaft, Produktname: Vermögensschaden-Haftpflichtversicherung, Risikoträger: Allcura
- Anbieter: Assist Assekuranz GmbH, Produktname: Assist Assekuranz Konzept, Risikoträger: AXA
- Anbieter: ATS FinanzService UG & Co. KG, Produktname: ATS-VSH-AL-2013, Risikoträger: Allianz
- Anbieter: BCA AG, Produktname: BCA Konzept, Risikoträger: Allianz
- Anbieter: Charta Börse für Versicherungen AG, Produktname: Charta-Spezialpolice Vermögensschaden-Haftpflicht, Risikoträger: Ergo
- Anbieter: ConceptIF AG, Produktnamen: Vermögenschaden-HV CIF-Insure, CIF-Finance und CIF-Complete, Risikoträger: AXA und Liberty
- Anbieter: Corporate Insurance Versicherungsmakler GmbH, Produktnamen: Vermögenschaden-HV CI-Insure, CI-Finance und CI-Complete, Risikoträger: AXA und Liberty
 Nach Angaben von Corporate Insurance ist ConceptIF ist ein Kooperationspartner des Unternehmens und bietet unter anderem die selben Tarife an. Daher wurden die Antworten auf die Marktübersichtsfragen wie auch die Prämienangaben der beiden Anbieter in den nachfolgenden Leistungstabellen zusammengefasst.
- Assekuradeur: Domcura AG, Anbieter: Nordias GmbH und Ralf W. Barth GmbH, Produktname: VSH „Protect" (VR Allcura AG), Risikoträger: Allcura
 Assekuradeur: Domcura AG, Anbieter: Nordias GmbH und Ralf W. Barth GmbH, Produktname: Rahmenvereinbarung R+V, Risikoträger: R+V
- Anbieter: Ergo Versicherung AG, Produktname: Vermögensschaden-Haftpflichtversicherung für Versicherungsmakler, Risikoträger: Ergo
- Assekuradeur und Anbieter: Manager Assecuranz Compagnie GmbH, Anbieter: ias Internationale Assekuranz-Service GmbH, Produktname: 24-you, Risikoträger: Torus Insurance (Europe) AG
 Sowohl die Manager Assecuranz Compagnie GmbH (Assekuradeur) als auch die ias Internationale Assekuranz-Service GmbH (Anbieter) antworteten auf die Marktübersichtsanfrage. Da es sich um den selben Tarif handelt und die Antworten identisch waren, wurden der Assekuradeur und der Anbieter in den nachfolgenden Leistungstabellen zusammengefasst.
- Anbieter: Nürnberger Allgemeine Versicherungs-AG, Produktname: Vermögensschaden-Haftpflichtversicherung, Risikoträger: Nürnberger
- Anbieter: Ratzke & Ratzke Versicherungsmakler GmbH, Produktname: R&R – Allianz, Risikoträger: Allianz
 Anbieter: Ratzke & Ratzke Versicherungsmakler GmbH, Produktname: R&R – Allcura, Risikoträger: Allcura
 Anbieter: Ratzke & Ratzke Versicherungsmakler GmbH, Produktname: R&R – AXA, Risikoträger: AXA
 Anbieter: Ratzke & Ratzke Versicherungsmakler GmbH, Produktname: R&R – Liberty, Risikoträger: Liberty, Europe
 Anbieter: Ratzke & Ratzke Versicherungsmakler GmbH, Produktname: R&R – R+V, Risikoträger: R+V

- Anbieter: R+V Allgemeine Versicherung AG, Produktname: Vermögensschaden-Haftpflicht für Versicherungsvermittler und -berater, Risikoträger: R+V
- Anbieter: Schutzvereinigung deutscher Vermittler von Versicherungen und anderen Finanzdienstleistungen e. V. (SdV), Produktname: Secure, Risikoträger: HDI oder Allcura
Anbieter: Schutzvereinigung deutscher Vermittler von Versicherungen und anderen Finanzdienstleistungen e. V. (SdV), Produktname: Select, Risikoträger: Allcura
Anbieter: Schutzvereinigung deutscher Vermittler von Versicherungen und anderen Finanzdienstleistungen e. V. (SdV), Produktname: Comfort+, Risikoträger: Ergo
- Anbieter: Swiss Life Partner GmbH, Produktname: SLP-Vermittlerschutz, Risikoträger: HDI

Um einen aussagekräftigen Leistungsvergleich zu bekommen, wurde nach insgesamt 143 verschiedenen Kriterien einer Vermögensschaden-Haftpflichtversicherung gefragt. Insgesamt sind die nachfolgenden Leistungstabellen in 21 verschiedene Fragegruppen unterteilt.

Die ersten vier Tabellen zeigen, wer welche Arten von Vermittlertätigkeiten in der Vermögensschaden-Haftpflichtversicherung für Versicherungs- und Finanzanlagenvermittler. Danach folgen weitere vier Tabellen, die konkret darlegen, für welche Versicherungs- und Finanzprodukte die jeweiligen Anbieter Versicherungsschutz geben und für welche nicht.

Die nächsten zwei Tabellen erklärt, welcher Personenkreis versichert ist und inwieweit sich der Geltungsbereich der einzelnen Tarife unterscheidet. Drei weitere Tabellen listen die möglichen Deckungssummen für die Versicherungs- und Finanzproduktvermittlung auf. Die anschließenden zwei Tabellen verdeutlichen, wie unterschiedlich die Regelungen der eventuell möglichen Rückwärtsversicherung/Rückdatierung und der Nachhaftung sein können.

Weitere Tabellen befassen sich mit den unterschiedlichen Vertragsbesonderheiten nach Vertragsabschluss und im Schadenfall sowie mit den diversen verschiedenen Obliegenheiten, die es je nach Tarif zu beachten gibt.

Einige Tabellen zum Thema Leistungsbestandteile gehen unter anderem auf die Absicherungsmöglichkeiten diverser möglicher Risiken, wie die Mitversicherung eines Onlinevertriebes, der Schweigepflichtverletzung von Mitarbeitern oder des Abwehrschutzes bei Vorwurf einer wissentlichen Pflichtverletzung ein. Zwei Tabellen veranschaulichen, welche sonstigen Vertragserweiterungen angeboten werden und ob bzw. worauf die Anbieter im Einzelnen Prämienrabatte gewähren. Weitere drei Tabellen enthalten konkrete Prämienbeispiele.

6.1 Welche Versicherungsvermittler- oder -dienstleistertätigkeit ist versicherbar?

Im Versicherungsbereich gibt es unterschiedliche Tätigkeitsarten von Versicherungsvermittlern oder -dienstleistern. Zu nennen sind hier unter anderem die Tätigkeit

6.1 Welche Versicherungsvermittler- oder -dienstleistertätigkeit ist versicherbar?

- als Versicherungsmakler,
- als ungebundener Versicherungsvermittler,
- als gebundener (Ausschließlichkeits-)Vermittler,
- als Versicherungsberater,
- als Assekuradeur oder auch
- als Korrespondenzmakler für übernommene Altverträge (mit oder ohne Schadenssachbearbeitung).

Je nach Tätigkeitsart des Vermittlers bzw. Dienstleisters muss auch diese Tätigkeit in den Versicherungsbedingungen, die dem VSH-Vertrag zugrunde liegen, entsprechend mitversichert und nicht ausgeschlossen sein. Denn nur wenn die tatsächlich ausgeübte Vermittlerart mit der in der VSH-Police versicherten Tätigkeit übereinstimmt, kann der Versicherungsschutz grundsätzlichen dem Bedarf entsprechen.

So ist in einigen Versicherungsbedingungen zwar die Versicherungsmakler- und -vermittlertätigkeit mitversichert, explizit ausgeschlossen wird jedoch die Tätigkeit eines Versicherungsberaters, eines Havariekommissar oder eines Assekuradeurs.

Versicherungsmakler und Mehrfachvertreter, also Vermittler, die die Produkte mehrerer Versicherer anbieten, sind gemäß gem. § 34d GewO gesetzlich verpflichtet, eine Berufs- bzw. Vermögensschaden-Haftpflichtversicherung abzuschließen. Bei allen VSH-Tarifen, die bei der Marktübersicht vorgestellt werden, sind Versicherungsmakler und bei fast allen, mit Ausnahme von Charta, auch ungebundene Mehrfachvertreter, versicherbar. Bei Charta sind Mehrfachvertreter nach § 34d Abs. 1 Satz 1 GewO nur deshalb nicht versicherbar, da ausschließlich Makler Partner von Charta werden können.

Ausschließlichkeitsvermittler (Vermittler, die nur für einen Versicherer oder für mehrere Versicherer, die nicht zueinander in Konkurrenz stehen, tätig sind) müssen zwar keine eigene VSH haben, sofern der oder die Versicherer für sie die uneingeschränkte Haftung aus ihrer Vermittlertätigkeit übernommen hat. Wer keinen entsprechenden Haftpflichtschutz über seinen Auftraggeber hat, benötigt jedoch eine eigene VSH. Auch wer sich nicht mit dem Haftungsumfang, den der oder die Auftraggeber zur Verfügung stellen, zufriedengeben möchte, kann einen eigenen VSH-Vertrag abschließen. Doch nicht alle in der Marktübersicht genannten VSH-Tarife decken das VSH-Risiko eines Ausschließlichkeitsvermittlers. Zudem ist bei etwa nur die Hälfte der VSH-Tarife die Tätigkeit eines Versicherungsberaters oder auch eines Assekuradeurs versicherbar. Bei manchen Anbietern lassen sich diese Risiken optional auf Anfrage versichern.

In vielen Fällen kann oder muss ein Versicherungsmakler für einen Kunden aufgrund des Maklerauftrages tätig werden, obwohl ein oder mehrere Verträge des Kunden (noch) nicht zum Bestand des Maklers gehören. Dies gilt beispielsweise für noch bestehende Policen bei Versicherern, die ihre Produkte ausschließlich über den versichereigenen Ausschließlichkeitsvertrieb anbieten. Der Makler ist dann als sogenannter Korrespondenzmakler tätig. Zwar sind bei den meisten in der Marktübersicht aufgeführten VSH-Tarifen die Tätigkeiten als Korrespondenzmakler mitversichert, dies gilt jedoch nicht, wenn es um die Abwicklung von Schäden, die die genannten Policen betreffen, geht (Tab. 6.1).

Tab. 6.1 Welche Versicherungsvermittler- oder -beratertätigkeit ist versicherbar?

Anbieter (evtl. Risikoträger)	Versicherungsmakler oder Mehrfachvermittler gem. § 34d Abs. 1 GewO	Ausschließlichkeitsvermittler	Versicherungsberater nach § 34e GewO	Assekuradeur	Korrespondenzmakler für übernommene Altverträge (mit oder ohne Schadenssachbearbeitung)	Havariekommissar
Allcura	Ja	Ja	Ja	Ja	Optional mit Schadenssachbearbeitung	Optional
Assist Assekuranz (AXA)	Ja	Nein, auf Anfrage	Auf Anfrage	Nein	Ja, auch Korrespondenzmakler im Schadenfall	Nein
ATS FinanzService (Allianz)	Beide	Ja, (Sonderrabatt mind. 50 %)	Nein	Nein	Ja, mit Schadenssachbearbeitung	Nein
BCA (Allianz)	Ja	Ja	Nein	Nein	Ja, mit Schadenssachbearbeitung	Nein
Charta (Ergo)	Ja, ausschließlich Makler, da ausschließlich Makler Charta-Partner werden können	Nein	Nein	Ja	Ja, mit Schadenssachbearbeitung	Ja, ohne Begrenzung
ConceptIF und Corporate Insurance (AXA und Liberty)	Ja	Ja	Auf Anfrage	Nein	Ja, mit bzw. ohne Schadenssachbearbeitung	Nein
Nordias/Barth, Assekuradeur: Domcura (Allcura)	Ja	Ja	Ja, gesondert	Ja, optional	Optional mit Schadenssachbearbeitung	Ja, optional
Nordias/Barth, Assekuradeur: Domcura (R+V)	Ja	Ja	Ja, gesondert	Nein	Nein	Nein, nur auf Anfrage
Ergo	Ja	Ja	Ja	Ja	Ja, soweit rechtlich zulässig	Ja, nach individueller Risikoprüfung

6.1 Welche Versicherungsvermittler- oder -dienstleistertätigkeit ist versicherbar?

Tab. 6.1 Fortsetzung

Manager Assecuranz (Torus Insurance)	Ja	Ja	Ja	Nein	Nein
Nürnberger	Ja	Ja	Ja	Ja, mit Schadenssachbearbeitung	Ja
Ratzke & Ratzke (Allianz)	Ja	Ja	Individuell	Ja, mit Schadensachbearbeitung sofern mandatiert	Nein
Ratzke & Ratzke (Allcura)	Ja	Ja	Ja	Ja, mit Schadensachbearbeitung sofern mandatiert	Nein
Ratzke & Ratzke (AXA)	Ja	Ja	Individuell	Ja, mit Schadensachbearbeitung sofern mandatiert	Nein
Ratzke & Ratzke (Liberty, Europe)	Ja	Ja	Individuell	Ja, mit Schadensachbearbeitung sofern mandatiert	Nein
Ratzke & Ratzke (R+V)	Ja	Ja	Individuell	Ja, mit Schadensachbearbeitung sofern mandatiert	Nein
R+V	Ja	Ja, auf Anfrage	Nein	Ja	Auf Anfrage
SdV Secure (HDI oder Allcura)	Ja	Nein	Nein	Ja, mit Schadenssachbearbeitung	Nein

Tab. 6.1 Fortsetzung

SdV Select (Allcura)	Ja	Nein	Ja	Ja, mit Schadenssachbearbeitung	Nein
SdV Comfort+ - (Ergo)	Ja	Nein	Nein	Ja, mit Schadenssachbearbeitung	Nein
Swiss Life Partner (HDI)	Ja	Nein	Nein	Ja, mit Schadenssachbearbeitung	Nein

Alle Daten wurden Anfang 2013 bei von den VSH-Anbietern erfragt. Alle Antworten, bis auf die separat gekennzeichneten (* Anm. d. Red.), stammen von den Anbietern selbst – teils auch in gekürzter Form – und stellen nicht die Meinung des Autors oder Verlages dar. Die Tabelle erhebt keinen Anspruch auf Vollständigkeit und stellt auch keine Empfehlung dar. Der Verlag und der Autor können keine Haftung für die Richtigkeit der Daten übernehmen. © Redaktionsbüro Zwick

6.2 Welche Art von Finanzvermittler- oder -dienstleistertätigkeit ist versicherbar?

Auch im Finanzbereich gibt es diverse Tätigkeitsarten der Finanzanlagenvermittler und Finanzdienstleister. Je nach Art ist auch hier der Grundumfang eines angebotenen VSH-Tarifes in der Regel unterschiedlich.

Die Finanzanlagenvermittler und Finanzdienstleister unterscheiden sich zum einen in der Art der vermittelten Produkte. So wird zum Beispiel zwischen Finanzanlagenvermittler bzw. Finanzdienstleister unterschieden, die

- Darlehen und Immobilien (Vermittlung nach § 34c GewO),
- Anteilscheine einer Kapitalanlagegesellschaft oder Investmentaktiengesellschaft wie offene Fonds (Vermittlung nach § 34f Abs. 1 Nr. 1 GewO),
- geschlossene Fonds (Vermittlung nach § 34f Abs. 1 Nr. 2 GewO) oder
- sonstige Finanzprodukte wie Genussrechte, Namensschuldverschreibungen, stille Beteiligungen (Vermittlung nach § 34f Abs. 1 Nr. 3 GewO)

oder

- sonstige banktypische Finanzinstrumente wie Aktien, Zertifikate, Schuldverschreibungen, Optionsscheine, Schuldscheindarlehen, Devisen, Derivate (Termingeschäft, Optionsgeschäft) (Dienstleister nach §§ 32 und 33 KWG)

anbieten bzw. vermitteln.

Neben der genauen Produktart, mit der ein Dienstleister bzw. Vermittler handelt oder die er vermittelt, spielt bei der Grunddeckung eines VSH-Tarifes auch die konkrete Tätigkeit des Finanzanlagenvermittlers oder Finanzdienstleisters eine wichtige Rolle. Hier werden die Tätigkeiten unter anderem unterschieden zwischen

- der Finanzanlagenvermittlung nach § 34f Abs. 1 Nr. 1, 2 und/oder Nr. 3 GewO
- der Maklertätigkeit nach § 34c GewO,

oder nach § 32 KWG

- der Anlageberatung,
- der Abschlussvermittlung,
- der Finanzportfolioverwaltung (Vermögensverwaltung)

sowie

- der Tätigkeit im Bereich der Finanztransfergeschäfte und
- des Sortenhandels.

Achtung: Nicht immer ist es eindeutig, ob eine Erlaubnispflicht nach KWG oder nach GewO erforderlich ist. In beiden Gesetzen findet sich beispielsweise der Begriff „Anlageberatung". Es ist daher sinnvoll, im Einzelfall zu klären, welche Erlaubnis notwendig ist. Fragen dazu kann die Bundesanstalt für Finanzdienstleistungsaufsicht (BaFin) beantworten.

Nicht alle Finanzanlagenvermittler- und -dienstleisterarten sind (wie auch im Versicherungsbereich) automatisch in einem VSH-Tarif mitversichert. Viele lassen sich allerdings optional mit einschließen.

Während beispielsweise ein VSH-Schutz für die Tätigkeit eines Finanzanlagenvermittlers nach § 34f Abs. 1 Nr. 1, 2 und/oder Nr. 3 GewO (teils optional) in der Regel kein Problem darstellt, gibt es einige Anbieter, die das VSH-Risiko eines Finanzplaners, der beispielsweise die Planung, Strukturierung, Optimierung und Sicherung der Kundenvermögen anbietet, oder eines Vermögensverwalters nicht mit abdecken.

Auch hier gilt: Nur wenn die tatsächlich ausgeübte Tätigkeit in den Versicherungsbedingungen, die der VSH-Police zugrunde liegen, genannt und nicht explizit ausgeschlossen wird, kann der Versicherungsschutz zumindest grundsätzlich dem Bedarf entsprechen (Tab. 6.2).

6.2 Welche Art von Finanzvermittler- oder -dienstleistertätigkeit ist versicherbar?

Tab. 6.2 Welche Finanzvermittler- oder –dienstleistertätigkeit ist versicherbar?

Anbieter (Risikoträger)	Finanzvermittler – für Anteilscheine einer Kapitalanlagegesellschaft oder Investmentaktiengesellschaft nach § 34f Abs. 1, Nr. 1 GewO/für öffentlich angebotene Anteile an geschlossenen Fonds	Finanzvermittler für sonstigen Vermögensanlagen im Sinne des § 1 Abs. 2 Vermögensanlagengesetzes nach § 34f Abs. 1, Nr. 3 GewO	Finanzdienstleister nach § 32 KWG	Finanzplaner (Certified Financial Planner) (wenn Ja, bis zu welcher maximalen Deckungssumme (DS) beitragsfrei)	Vermögensverwaltung (wenn Ja, bis zu welcher maximalen Deckungssumme (DS) beitragsfrei)
Allcura	Ja	Ja	Ja, im Rahmen einer eigenen Deckung nach § 32 KWG aber nur Anlagevermittlung, Anlageberatung, Platzierungsgeschäft, Abschlussvermittlung, Finanzportfolioverwaltung, Factoring, Anlageverwaltung	Ja, gegen Zuschlag als Zusatzdeckung mit eigenem Deckungsstock zur Versicherungsvermittlung, zur erlaubnisfreien Finanzierungsvermittlung, oder KWG-Deckung; – oder mit eigenem Versicherungskonzept für Finanzplaner; DS frei wählbar je nach Risikoeinschätzung, da eigener Deckungsstock nicht beitragsfrei	Ja, aber nur Vermögensverwalter mit Erlaubnis nach § 32 KWG = Finanzportfolioverwaltung, mit eigenem Deckungsstock, daher nicht beitragsfrei
Assist Assekuranz (AXA)	Ja	Ja, nach gesonderter Prüfung	Nein	Optional	Nein
ATS FinanzService (Allianz)	Ja	Optional	Optional, eigenes Konzept	Nein, separates Konzept	Optional, gegen Zuschlag
BCA (Allianz)	Ja	Ja	Nein	Ja, beitragspflichtig	Nein
Charta (Ergo)	Optional	Optional	Nein	Optional, ohne Umsatzbegrenzung	Nein

Tab. 6.2 Fortsetzung

ConceptIF und Corporate Insurance (Liberty)	Ja		Nein	Auf Anfrage	Nein
Nordias/Barth, Assekuradeur: Domcura (Allcura)	Ja, ohne gesonderte Prüfung		Nein, gesondert	Ja, optional, gegen Zuschlag oder als eigener Vertrag	Nein, gesondert nach § 32 KWG
Nordias/Barth; Assekuradeur: Domcura (R+V)	Ja		Nein, gesondert	Ja, optional	Nein, gesondert nach § 32 KWG
Ergo	Ja, im Rahmen der Deckung für Versicherungsvermittler ist die Vermittlung aller Finanzanlagen gemäß § 34f Abs. 1 GewO versicherbar		Nein, aber das Risiko ist im Rahmen eines separaten Deckungskonzepts nach individueller Risikoprüfung versicherbar	Optional gegen Zuschlag	Nein, aber das Risiko ist im Rahmen eines separaten Deckungskonzepts nach individueller Risikoprüfung versicherbar
Manager Assecuranz (Torus Insurance)	Ja		Teilweise	Ja	Separates Produkt
Nürnberger	Ja, gegen Zuschlag		Nein	Nein	Nein
Ratzke & Ratzke (Allianz)	Ja, mit Fragebogen		Eigenständige Tarife	Ja, gegen Prämienzuschlag	KWG-Risiko, eigenständiger Tarif
Ratzke & Ratzke (Allcura)	Ja		Eigenständige Tarife	Ja, gegen Prämienzuschlag	KWG-Risiko, eigenständiger Tarif
Ratzke & Ratzke (AXA)	Ja		Nicht gewünscht	Nein	KWG-Risiko, eigenständiger Tarif
Ratzke & Ratzke (Liberty, Europe)	Ja		Eigenständige Tarife	Ja, gegen Prämienzuschlag	KWG-Risiko, eigenständiger Tarif
Ratzke & Ratzke (R+V)	Ja, mit Fragebogen		Eigenständige Tarife	Nein	KWG-Risiko, eigenständiger Tarif

Tab. 6.2 Fortsetzung

R+V	Ja	Ja, auf Anfrage	Ja, im Bereich von §§ 32, 33 KWG (Anlageberater, Anlage- oder Abschlussvermittler)	Ja, auf Anfrage, ohne Umsatzbegrenzung	Nein
SdV Secure (HDI oder Allcura)	Ja	Nein	Nein	Optional, ohne Begrenzung	Nein
SdV Select (Allcura)	Optional	Optional	Nein	Optional, ohne Begrenzung	Nein
SdV Comfort+ (Ergo)	Optional	Optional	Nein	Ja, ohne Begrenzung	Nein
Swiss Life Partner (HDI)	Ja	Nein	Nein	Ja, ohne Begrenzung	Nein

Alle Daten wurden Anfang 2013 bei von den VSH-Anbietern erfragt. Alle Antworten, bis auf die separat gekennzeichneten (* Anm. d. Red.), stammen von den Anbietern selbst – teils auch in gekürzter Form – und stellen nicht die Meinung des Autors oder Verlages dar. Die Tabelle erhebt keinen Anspruch auf Vollständigkeit und stellt auch keine Empfehlung dar. Der Verlag und der Autor können keine Haftung für die Richtigkeit der Daten übernehmen. © Redaktionsbüro Zwick

6.3 Welche Art von Dienstleistertätigkeit ist im Immobilienbereich versicherbar?

Selbst wer die Tätigkeit als Immobilienverwalter oder -vermittler in einer VSH-Police mitversichert hat, muss darauf achten, dass die von ihm angebotenen bzw. vermittelten Immobilienarten auch tatsächlich zum Versicherungsumfang gehören. Es gibt beispielsweise VSH-Tarife für Immobilienverwalter, die keinen Versicherungsschutz für gewerblich genutzte Objekte gewähren.

Zudem kann der erzielte Umsatz als Immobilienverwalter oder -makler, aber auch die Miet- oder Pachtsumme oder die Anzahl der betroffenen Wohneinheiten, darüber entscheiden, inwieweit Versicherungsschutz besteht oder nicht (Tab. 6.3).

6.3 Welche Art von Dienstleistertätigkeit ist im Immobilienbereich versicherbar?

Tab. 6.3 Welche Dienstleistertätigkeit ist im Immobilienbereich versicherbar?

Anbieter (Risikoträger)	Immobilienmaklertätigkeit für den Grundstücksverkauf, Kauf oder Pacht/den Häuserverkauf und -kauf/den Verkauf oder Kauf von Eigentumswohnungen/den Verkauf, Kauf oder Pacht von gewerblichen Objekten (Firmen- und Industriegebäude, Firmengelände etc.)/die Mietwohnungsvermittlung	Haus- und Grundstücksverwaltung für gewerblich genutzte Objekte	Haus- und Grundstücksverwaltung für Wohneinheiten (WE)
Allcura	Ja, keine Unterscheidung zwischen Kauf und Pacht und keine Unterscheidung nach Art des vermittelten Objekts; hauptberufliche Immobilienmakler werden über ein eigenes Versicherungskonzept für Immobilienmakler versichert; nebenberufliche Immobilienmakler können diese Tätigkeit im Rahmen des Konzepts für erlaubnisfreie Finanzierungsvermittlung als zusätzliche Deckung zur Pflichtversicherung für Versicherungsvermittler oder Finanzanlagenvermittler versichern; die Gesamt-VS für alle über das Konzept erlaubnisfreie Finanzierungsvermittlung versicherten Risiken ist frei wählbar je nach Risikoeinschätzung	Ja, keine Unterscheidung zwischen gewerblich genutzten Objekten und Wohneinheiten; hauptberufliche Haus- und Grundstücksverwalter werden über ein eigenes Versicherungskonzept versichert; nebenberufliche Haus- und Grundstücksverwalter können diese Tätigkeit im Rahmen des Konzepts für Immobilienmakler oder über das Konzept erlaubnisfreie Finanzierungsvermittlung als zusätzliche Deckung zur Pflichtversicherung für Versicherungsvermittler oder Finanzanlagenvermittler versichern; die Gesamt-VS für alle über das Konzept erlaubnisfreie Finanzierungsvermittlung versicherten Risiken ist frei wählbar je nach Risikoeinschätzung, Zuschlag erst ab einem Umsatz über 25.000 €	Ja, keine Unterscheidung zwischen gewerblich genutzten Objekten und Wohneinheiten; hauptberufliche Haus- und Grundstücksverwalter werden über ein eigenes Versicherungskonzept versichert; – nebenberufliche HuG Verwalter können diese Tätigkeit im Rahmen des Konzepts für Immobilienmakler oder über das Konzept erlaubnisfreie Finanzierungsvermittlung als zusätzliche Deckung zur Pflichtversicherung für Versicherungsvermittler oder Finanzanlagenvermittler versichern; die Gesamt-VS für alle über das Konzept erlaubnisfreie Finanzierungsvermittlung versicherten Risiken ist frei wählbar je nach Risikoeinschätzung, Zuschlag erst ab einem Umsatz über 25.000 €
Assist Assekuranz (AXA)	Ja, Zusatzbaustein, Umsatztarif	Optional	Ja, bis 250.000 € Miet-/Pachteinnahme p. a. (optional), Zusatzbaustein, Umsatztarif

Tab. 6.3 Fortsetzung

ATS FinanzService (Allianz)	Ja, Umsatzstaffel für Prämien	Ja, bis 100.000 € Miet-/Pachteinnahmen (kostenfrei) darüber gegen Zuschlag	Ja, bis 100.000 € Miet-/Pachteinnahmen (kostenfrei) darüber gegen Zuschlag
BCA (Allianz)	Ja, beitragspflichtig	Ja, beitragspflichtig	Ja, beitragspflichtig
Charta (Ergo)	Ja, ohne Begrenzung (abwählbar)	Nein	Ja, bis 50 WE (abwählbar)
ConceptIF und Corporate Insurance (AXA, Liberty)	Ja	AXA: Optional gegen Zuschlag, Liberty: bis 5000 m² Gewerbefläche beitragsfrei	AXA: Ja, bis 260.000 € Miet-/Pachteinnahmen beitragsfrei, Liberty: Ja, bis 100 Wohneinheiten – darüber gegen Zuschlag
Nordias/Barth, Assekuradeur: Domcura (Allcura)	Ja, optional im Rahmen des Zusatzbausteins Finanzdienstleistungsvermittlung mit Nebentätigkeiten gegen Zuschlag/ keine Differenzierung	Ja, optional im Rahmen des Zusatzbausteins Finanzdienstleistungsvermittlung mit Nebentätigkeiten gegen Zuschlag/ keine Unterscheidung zwischen Gewerbe- und Wohneinheiten	Ja, optional im Rahmen des Zusatzbausteins Finanzdienstleistungsvermittlung mit Nebentätigkeiten gegen Zuschlag/ keine Unterscheidung zwischen Gewerbe- und Wohneinheiten
Nordias/Barth, Assekuradeur: Domcura (R+V)	Ja, im Rahmen der Mitversicherung Finanzdienstleistungen gegen Zuschlag/ keine Differenzierung	Ja, im Rahmen der Mitversicherung Finanzdienstleistungen gegen Zuschlag/ keine Unterscheidung zwischen Gewerbe- und Wohneinheiten bis 100 WE/GE	Ja, im Rahmen der Mitversicherung Finanzdienstleistungen gegen Zuschlag/ keine Unterscheidung zwischen Gewerbe- und Wohneinheiten, bis 100 WE/GE
Ergo	Ja, beitragsfrei im Rahmen der Gewerbeerlaubnis nach § 34c GewO ohne Sublimit	Ja, gegen Zuschlag	Ja, bis 50 Wohneinheiten
Manager Assecuranz (Torus Insurance)	Ja (bis 10 % vom Umsatz) gegen Zuschlag	Anfrage	Anfrage
Nürnberger	Ja	Nein, wenn die Objekte überwiegend oder ausschließlich gewerblich genutzt werden (beim Versicherungsmakler)	Ja, soweit die Anzahl der verwalteten Wohneinheiten 50 nicht übersteigt (beim Versicherungsmakler)
Ratzke & Ratzke (Allianz)	Optional, gegen Prämienzuschlag	Optional, gegen Prämienzuschlag, bis 250.000 € Miet- und Pachteinnahmen	Optional, gegen Prämienzuschlag, bis 250.000 € Miet- und Pachteinnahmen

6.3 Welche Art von Dienstleistertätigkeit ist im Immobilienbereich versicherbar?

Tab. 6.3 Fortsetzung

Ratzke & Ratzke (Allcura)	Optional, gegen Prämienzuschlag	Optional, gegen Prämienzuschlag, bis 250.000 € Miet- und Pachteinnahmen
Ratzke & Ratzke (AXA)	Optional, gegen Prämienzuschlag	Optional, gegen Prämienzuschlag, bis 250.000 € Miet- und Pachteinnahmen
Ratzke & Ratzke (Liberty, Europe)	Optional, gegen Prämienzuschlag	Optional, gegen Prämienzuschlag, bis 250.000 € Miet- und Pachteinnahmen
Ratzke & Ratzke (R+V)	Optional, gegen Prämienzuschlag	Optional, gegen Prämienzuschlag – bis 250.000 € Miet- und Pachteinnahmen
R+V	Ja und ohne Begrenzung	Ja und ohne Begrenzung
SdV Secure (HDI oder Allcura)	Ja, ohne Begrenzung	Nein
SdV Select (Allcura)	Optional, ohne Begrenzung	Nein, sofern rein gewerblich genutzt
SdV Comfort+ (Ergo)	Ja, ohne Begrenzung	Ja, bis 50 Einheiten
Swiss Life Partner (HDI)	Ja, ohne Begrenzung	Ja, bis zu einer jährlichen Miet- und Pachteinnahme von 250.000 €

Alle Daten wurden Anfang 2013 bei von den VSH-Anbietern erfragt. Alle Antworten, bis auf die separat gekennzeichneten (* Anm. d. Red.), stammen von den Anbietern selbst – teils auch in gekürzter Form – und stellen nicht die Meinung des Autors oder Verlages dar. Die Tabelle erhebt keinen Anspruch auf Vollständigkeit und stellt auch keine Empfehlung dar. Der Verlag und der Autor können keine Haftung für die Richtigkeit der Daten übernehmen. © Redaktionsbüro Zwick

6.4 Welche Art hinsichtlich der Vergütungsform ist versicherbar?

Bei allen VSH-Tarifen, die in der Marktübersicht aufgeführt sind, ist bei den versicherten Vermittlertätigkeiten Folgendes mitversichert:

- die Vermittlung auf Provisionsbasis sowie
- die Vermittlung von provisionsfreien Tarifen und Vergütung über gesonderte Vergütungsvereinbarung mit den Kunden, soweit rechtlich zulässig.

Auch für Finanzanlagen- und/oder Versicherungsvermittler mit Honorarberatung wird bei den in der Marktübersicht aufgeführten Tarifen eine Absicherung im Rahmen des § 34f GewO geboten. Dennoch, so Norman Wirth, ist ein klassischer Streitpunkt die Frage der Honorarberatung: „Da es hierfür bisher keine Definition gibt, sollte durch einen Vermittler, der direkt vom Kunden seine Vergütung oder einen Teil seiner Vergütung erhält, dieser Punkt ganz genau mit der VSH geklärt werden. Am besten, indem er seine konkret dem Kunden angebotene Tätigkeit detailliert schildert und sich explizit bestätigen lässt, dass auch genau dafür Versicherungsschutz besteht", rät der Fachanwalt für Versicherungsrecht und Finanzwirt den Versicherungsvermittlern.

Nur wenige Anbieter haben, wie die nachstehende Marktübersicht zeigt, in den Vertragsbedingungen genau definiert, was als rechtlich zulässige Honorarberatung zu verstehen ist. Um auf der sicheren Seite zu sein, ist es für den Vermittler mit Honorar- oder Vergütungsvereinbarung empfehlenswert, sich vom Anbieter schriftlich bestätigen zu lassen, dass die angewendete Vergütungsform als mitversichert gilt (Tab. 6.4).

6.4 Welche Art hinsichtlich der Vergütungsform ist versicherbar?

Tab. 6.4 Welche Tätigkeit hinsichtlich der Vergütungsform ist versicherbar?

Anbieter (Risikoträger)	Vermittlung: auf Provisionsbasis; von provisionsfreien Tarifen und Vergütung über gesonderte Vergütungsvereinbarung mit dem Kunden; Versicherungsvermittler mit rechtlich zulässiger Honorarberatung/Finanzvermittler mit rechtlich zulässiger Honorarberatung	Versicherungsvermittler und/oder Finanzvermittler: Wird in den dem Vertrag zugrunde liegenden Versicherungsbedingungen genau definiert, was als rechtlich zulässige Honorarberatung zu verstehen ist?
Allcura	Ja/Ja, im Rahmen der Pflichtversicherung für Finanzanlagenvermittler, künftig wird auch eine eigene Deckung für Finanzanlagehonorarberater nach § 34h GewO angeboten	Nein
Assist Assekuranz (AXA)	Ja	Nein
ATS FinanzService (Allianz)	Ja, Honorarberatung i. V. m. Vermittlung von Finanzprodukten	Ja, Honorarberatung i. V. m. Vermittlung von Finanzprodukten
BCA (Allianz)	Ja	Nein
Charta (Ergo)	Ja	Nein
ConceptIF und Corporate Insurance (AXA und Liberty)	Ja	Nein
Nordias/Barth, Assekuradeur: Domcura (Allcura)	Ja/Ja, im Rahmen § 34f GewO enthalten	Nein
Nordias/Barth, Assekuradeur: Domcura (R+V)	Ja/Ja, im Rahmen § 34f GewO enthalten	Nein
Ergo	Ja	Nein
Manager Assecuranz (Torus Insurance)	Ja	Nein
Nürnberger	Ja	Ja, bezieht sich auf die vorgenannten Tätigkeiten der Besonderen Vereinbarungen für Versicherungsmakler
Ratzke & Ratzke (Allianz)	Ja	Nein, rechtlich zulässige Beratung ist mitversichert. Definition durch Gesetzgeber

Tab. 6.4 Fortsetzung

Ratzke & Ratzke (Allcura)	Ja
	Nein, rechtlich zulässige Beratung ist mitversichert. Definition durch Gesetzgeber
Ratzke & Ratzke (AXA)	Ja
	Nein, rechtlich zulässige Beratung ist mitversichert. Definition durch Gesetzgeber
Ratzke & Ratzke (Liberty, Europe)	Ja
	Nein, rechtlich zulässige Beratung ist mitversichert. Definition durch Gesetzgeber
Ratzke & Ratzke (R+V)	Ja
	Nein, rechtlich zulässige Beratung ist mitversichert. Definition durch Gesetzgeber
R+V	Ja
	Ja
SdV Secure (HDI oder Allcura)	Ja
	Nein
SdV Select (Allcura)	Ja
	Nein
SdV Comfort+ (Ergo)	Ja
	Nein
Swiss Life Partner (HDI)	Ja
	Nein

Alle Daten wurden Anfang 2013 bei von den VSH-Anbietern erfragt. Alle Antworten, bis auf die separat gekennzeichneten (* Anm. d. Red.), stammen von den Anbietern selbst – teils auch in gekürzter Form – und stellen nicht die Meinung des Autors oder Verlages dar. Die Tabelle erhebt keinen Anspruch auf Vollständigkeit und stellt auch keine Empfehlung dar. Der Verlag und der Autor können keine Haftung für die Richtigkeit der Daten übernehmen. © Redaktionsbüro Zwick

6.5 Nicht alle Versicherungs- und Finanzprodukte werden von einer gesetzlich vorgeschriebenen VSH-Police automatisch erfasst

Grundsätzlich muss jeder, der als Versicherungsvermittler nach § 34d GewO, als Versicherungsberater nach § 34e GewO und/oder als Finanzanlagenvermittler nach § 34f Abs. 1 Nr. 1, 2 und/oder 3 GewO tätig ist, jede ausgeübte Tätigkeit auch als eigenes VSH-Risiko abgesichert haben. Dies ist die Voraussetzung dafür, um diese Tätigkeit(en) ausüben zu dürfen. Bei den meisten Anbietern können auch mehrere Tätigkeitsarten, zum Beispiel die eines Versicherungs- und Finanzanlagenvermittlers, also Tätigkeiten nach § 34d und § 34f Abs. 1 Nr. 1, 2 und/oder 3 GewO, in einem VSH-Vertrag versichert werden.

In der jeweiligen gesetzlichen Vorgabe, die die Voraussetzung für eine Erlaubnis zur Ausübung einer entsprechenden Tätigkeit beschreibt, sind auch die Produktkategorien, die vermittelt bzw. zu denen beraten werden darf, deklariert. Daraus folgt: Die Vermittlung und/oder Beratung der im Gesetz genannten Produktkategorien sind entsprechend der versicherten Tätigkeit durch den gesetzlich vorgeschriebenen VSH-Vertrag abgesichert. Dies gilt jedoch nicht für Produkte, die nicht zu diesen Produktkategorien zählen.

Ein Beispiel sind Bausparverträge, die beispielsweise nicht unter die Produktkategorie nach § 34d GewO fallen (da sich dieser einzig auf die Produktkategorie Versicherungsverträge bezieht) und die dennoch in manchen Fällen zum Produktportfolio eines Versicherungsvermittler zählen.

Auch bei der Tätigkeit nach § 34f Abs. 1 Nr. 1, 2 und/oder 3 GewO gibt es diverse Finanzanlageprodukte, die nicht unter die gesetzlichen Regelungen nach § 34f GewO fallen, obwohl sie dennoch im Produktportfolio mancher Finanzanlagenvermittler zu finden sind. Unter anderem ist die Vermittlung von Wertpapieren wie Aktien und die Vermittlung von Single-Hedgefonds nicht in § 34f GewO geregelt, sondern fällt unter die Erlaubnispflicht des § 32 KWG. Wird ein Produkt rechtlich nicht durch den § 34f GewO erfasst, ist es im Rahmen einer VSH-Deckung nach § 34f GewO jedoch nicht automatisch mitversichert.

Zudem gibt es Tätigkeiten, die rechtlich gesehen beispielsweise nicht unter die Tätigkeit eines Versicherungsvermittlers nach § 34d GewO fallen. Diese sind daher nicht automatisch in einem VSH-Vertrag, der die Tätigkeit eines Versicherungsvermittlers nur im Rahmen des § 34d GewO absichert, abgedeckt.

Zu nennen ist hier beispielsweise die Vermittlung von Lösungen zur betrieblichen Altersversorgung und der damit verbundenen Arbeitnehmerberatung. Rechtlich kann es nämlich sein, dass die Beratung eines Vermittlers zur bAV nicht als typische Versicherungsvermittlung nach § 34d GewO gilt, sondern dass der Versicherungsvermittler bei der Beratung als Erfüllungsgehilfe des Arbeitgebers nach § 278 BGB gesehen wird. Das VSH-Risiko, das sich daraus als Erfüllungsgehilfe eines Dritten ergibt, ist jedoch in den Mindestvoraussetzungen, die die VersVermV für die VSH-Police eines Versicherungsvermittlers bzw. -maklers fordert, nicht enthalten. Ist nichts anderes vereinbart bzw. in den zugrunde liegenden Versicherungsbedingungen geregelt, kann es sein, dass bei einer VSH-Police, die ausschließlich das Risiko eines Versicherungsvermittlers nach § 34d GewO trägt, das Risiko eines VSH-Schadens, der bei der bAV-Beratung entstanden ist, als nicht versichert gilt.

Der Fachanwalt Norman Wirth schildert noch einen Sonderfall in der Vermittlung von Lösungen zur betrieblichen Altersversorge: „Die bAV-Beratung ist ein spezielles Thema. Hier gibt es bei nicht-rückgedeckten Produkten häufig keinen Deckungsschutz."

Rechtlich gesehen gibt es zudem Tätigkeitsarten und entsprechende Produktarten, für die zur Tätigkeitsausübung keine VSH-Absicherung gesetzlich vorgeschrieben ist, wie beispielsweise die Vermittlung von Immobilien oder Darlehensverträgen.

Grundsätzlich kann es jedoch bei allen Produkten, die der Versicherungsvermittler oder Finanzdienstleister in seinem Produktportfolio hat, zu hohen Vermögensschäden kommen. Es ist daher wichtig, dass nicht nur alle ausgeübten Tätigkeiten vom VSH-Vertrag abgedeckt werden, sondern der Versicherungsschutz sich auch auf alle Produkte bezieht, die der Vermittler oder Finanzdienstleister anbietet bzw. vermittelt, verwaltet oder darüber berät.

Die VSH-Risikoträger haben diese Fallstricke erkannt und ihre Versicherungsbedingungen zu den VSH-Tarifen zum Teil bereits realitätsnah ausgestaltet. So sind in einigen Tarifen bereits standardmäßig häufig in der Versicherungsvermittlung anzutreffende Tätigkeiten und Produktkategorien, die nicht von den gesetzlichen Regelungen einer Berufshaftpflichtversicherung für Versicherungs- und Finanzanlagenvermittler oder für Versicherungsberater erfasst wären, mit eingeschlossen. Das heißt, diese Tätigkeiten und Produktarten sind mitversichert, egal ob sie der Versicherungsnehmer bereits anbietet oder nicht. Einen entsprechend standardmäßiger Einschluss besteht bei den meisten VSH-Tarifen (allerdings nicht bei allen) für das Risiko der Vermittlung von Bausparverträgen oder auch von Produkten der betrieblichen Altersversorgung.

Bei vielen VSH-Tarifen lassen sich oftmals noch nicht über den angebotenen Standardumfang abgedeckte Tätigkeiten und Produktgruppen zumindest optional mit in den Versicherungsschutz einschließen oder mittels eines eigenen VSH-Tarifes (eventuell eigener Versicherungsvertrag) abdecken. Für einige wenige Risiken, wie beispielsweise die Vermittlung von Sachwerten, geben manche VSH-Anbieter jedoch keinen Versicherungsschutz.

Die Tab. 6.5.1 bis 6.5.4 geben einen Überblick darüber, welche Produkte in den jeweiligen Tarifen mitversichert oder zumindest optional versichert werden können.

6.5 Nicht alle Versicherungs- und Finanzprodukte werden von ...

Tab. 6.5.1 Versicherbares Produktportfolio: Versicherungen, Betriebliche Altersversorgung, gesetzliche Krankenversicherung und Rückversicherungen

Anbieter (Risikoträger)	Versicherungen aller Art (Privat-, Geschäfts-, und Industriekunden)	Betriebliche Altersversorgung inklusive Arbeitnehmerberatung	Betriebliche Altersversorgung inklusive Arbeitnehmerberatung und rückgedeckte Arbeitszeitkontenmodelle	Beratung zur Gründung und Unterhaltung von betrieblichen Versorgungseinrichtungen	Rückversicherungen	Mitgliedschaften der gesetzl. Krankenversicherungen
Allcura	Ja	Ja	Ja	Optional	Optional	Ja
Assist Assekuranz (AXA)	Ja	Ja	Ja	Ja, soweit rechtlich zulässig, Prämienzuschlag und gesonderte DS	Nein	Ja
ATS FinanzService (Allianz)	Ja	Ja, i.V.m. mit Vermittlung	Ja, i.V.m. mit Vermittlung	Optional, gegen Zuschlag	Nein	Ja
BCA (Allianz)	Ja	Ja	Ja	Nein	Nein	Ja
Charta (Ergo)	Ja	Ja	Ja	Ja, ohne Begrenzung	Ja	Ja
ConceptIF und Corporate Insurance (AXA und Liberty)	Ja	Ja	AXA: Ja / rückgedeckte Arbeitskontenmodelle: Nein, Liberty: Ja inkl. rückgedeckte Arbeitszeitkontenmodelle sofern Versicherungsprodukt	AXA: auf Anfrage, Liberty: Ja, Beratung zu bestehenden sowie darüber hinaus auf Anfrage	Nein	Ja
Nordias/Barth, Assekuradeur: Domcura (Allcura)	Ja	Ja	Ja	Ja, optional	Optional	Ja

Tab. 6.5.1 Fortsetzung

Nordias/Barth, Assekuradeur: Domcura (R+V)	Ja	Ja	Nein, nur auf Anfrage	Nein	Ja
Ergo	Beitragsfrei in der Maklerdeckung enthalten	Beitragsfrei in der Maklerdeckung enthalten	Ja	Ja, nach individueller Risikoprüfung	beitragsfrei in der Maklerdeckung enthalten
Manager Assecuranz (Torus Insurance)	Ja	Optional	Ja	Optional	Optional
Nürnberger	Ja	Ja	Nein	Nein	Ja
Ratzke & Ratzke (Allianz)	Ja	Ja	Nein	Nein	Ja
Ratzke & Ratzke (Allcura)	Ja	Ja	Nein	Nein	Ja
Ratzke & Ratzke (AXA)	Ja	Ja	Ja	Nein	Ja
Ratzke & Ratzke (Liberty, Europe)	Ja	Ja	Ja, sofern Beratung zu rückgedeckten Versorgungsmodellen; beitragsfrei	Nein	Ja
Ratzke & Ratzke (R+V)	Ja	Ja	Ja, sofern Versicherungsschutz für Vermittlung von Finanzdienstleistungen vereinbart; beitragsfrei	Nein	Ja
R+V	Ja	Ja	Ja, auf Anfrage	Nein	Ja

Tab. 6.5.1 Fortsetzung

SdV Secure (HDI oder Allcura)	Ja	Ja	Ja, optional auch nicht rückgedeckte Versorgungsmodelle	Nein	Nein
SdV Select (Allcura)	Ja	Ja	Ja, optional auch nicht rückgedeckte Versorgungsmodelle	Nein	Ja	Ja
SdV Comfort+ (Ergo)	Ja	Ja	Ja	Nein	Nein	Ja
Swiss Life Partner (HDI)	Ja	Ja	Ja	Nein	Nein	Ja

Alle Daten wurden Anfang 2013 bei von den VSH-Anbietern erfragt. Alle Antworten, bis auf die separat gekennzeichneten (* Anm. d. Red.), stammen von den Anbietern selbst – teils auch in gekürzter Form – und stellen nicht die Meinung des Autors oder Verlages dar. Die Tabelle erhebt keinen Anspruch auf Vollständigkeit und stellt auch keine Empfehlung dar. Der Verlag und der Autor können keine Haftung für die Richtigkeit der Daten übernehmen. © Redaktionsbüro Zwick

Tab. 6.5.2 Versicherbares Produktportfolio: Fonds und Beteiligungen

Anbieter (Risikoträger)	Hedgefonds	Investmentfonds	Geschlossene Immobilienfonds/ Medienfonds/ Leasingfonds/ Windkraftfonds/ Schiffsbeteiligung/Private Equity- und Venture Capital-Fonds	Prozesskostenfonds	Sonstige Fonds	Beteiligung
Allcura	Versichert werden öffentlich vertriebene Hedgefonds. Diese fallen unter die Pflichtversicherung für Finanzanlagenvermittler nach § 34f Abs. 1 Nr. 1 GewO, daher nicht als Zusatz versicherbar, sondern nur über eigenen Versicherungsvertrag (* Ansonsten siehe nebenstehende Antwort)	Ja, diese fallen (bzw. können fallen) unter die Pflichtversicherung für Finanzanlagenvermittler nach § 34f Abs. 1 Nr. 2 oder 3 GewO, daher nicht als Zusatz versicherbar, sondern nur über eigenen Versicherungsvertrag oder sofern die Tätigkeit nicht unter die Bereichsausnahme nach § 2 Abs. 6 S. 1 Nr. 8 KWG fällt, wird Versicherungsschutz über das Konzept für Anlage-, Abschlussvermittler oder Anlageberater nach § 32 KWG geboten. Eine beitragsfreie Mitversicherung ist im Hinblick auf die Pflichtversicherung oder die eigenkapitalersetzende Versicherung nach KWG nicht möglich, VS mind. in Höhe der Pflicht-VS (* *Antworten teils gekürzt und zusammengeführt*)				

Tab. 6.5.2 Fortsetzung

	Dach-Hedgefonds, Single-Hedgefonds				
Assist Assekuranz (AXA)	Dach-Hedgefonds Ja, Single-Hedgefonds Nein	Ja, sofern es sich um Anteilscheine einer Kapitalanlagegesellschaft oder Investmentaktiengesellschaft nach § 34f Abs. 1 Nr. 1 GewO handelt, Umsatztarif	Ja, sofern es sich um einen öffentlich angebotenen Anteil an geschlossenen Fonds in Form einer Kommanditgesellschaft nach § 34f Abs. 1 Nr. 2 GewO handelt. Sonstige Vermögensanlagen nach § 34f Abs. 1 Satz 1 Nr. 3 GewO nach Einzelfallprüfung, Umsatztarif		
ATS Finanz-Service (Allianz)	Ja, wenn i. d. R Kommanditgesellschaft (unbegrenzt) Sonst: Nein	Ja, unbegrenzt	Ja, im Rahmen §34f GewO (*Anm. d. Red.)	Ja, im Rahmen §34f GewO (*Anm. d. Red.)	Ja, im Rahmen §34f GewO (*Anm. d. Red.)
BCA (Allianz)	Ja, im Baustein 34f Nr. 1	Ja, im Baustein 34f Nr. 1	Ja, über Baustein 34f Nr. 2	Ja, über Baustein 34f Nr. 2	Ja, über Baustein 34f Nr. 2
Charta (Ergo)	Optional	Optional	Optional	Optional	Optional
ConceptIF und Corporate Insurance (Liberty)	Ja, soweit es sich um Finanzanlagen im Sinne des § 34f GewO handelt	Ja, soweit es sich um Finanzanlagen im Sinne des § 34f GewO handelt	Ja, soweit es sich um Finanzanlagen im Sinne des § 34f GewO handelt	Ja, soweit es sich um Finanzanlagen im Sinne des § 34f GewO handelt	Ja, soweit es sich um Finanzanlagen im Sinne des § 34f GewO handelt
Nordias/Barth, Assekuradeur: Domcura (Allcura)	Ja, als Investmentfonds gem. § 34f Abs. 1 Nr. 1 GewO, als Baustein mind. in Höhe der Pflicht-VS	Ja gem. § 34f1 Nr. 1 GewO, als Baustein mind. in Höhe der Pflicht-VS	Ja gem. § 34f Abs. 1 Nr. 2 GewO, VS mind. in Höhe der Pflicht-VS	Ja gem. § 34f Abs. 1 Nr. 1 oder 2 oder 3 GewO, VS mind. in Höhe der Pflicht-VS	Ja, wenn gem. § 34f Abs. 1 Nr. 3 GewO, VS mind. in Höhe der Pflicht-VS

Tab. 6.5.2 Fortsetzung

Nordias/ Barth, Assekuradeur: Domcura (R+V)	Ja, als Investmentfonds gem. § 34f Abs. 1 Nr. 1 GewO, als Baustein mind. in Höhe der Pflicht-VS	Ja gem. § 34f Abs. 1 Nr. 1 GewO, als Baustein mind. in Höhe der Pflicht-VS	Ja gem. § 34f GewO Abs. 1 Nr. 2 GewO, DS mind. in Höhe der Pflicht-DS	Ja gem. § 34f Abs. 1 Nr. 2 oder 3, DS mind. in Höhe der Pflicht-VS	Ja, wenn gem. § 34f Abs. 1 Nr. 3 GewO, VS mind. in Höhe der Pflicht-VS
Ergo	Ja, soweit es sich um Finanzanlagen im Sinne des § 34f GewO handelt	Ja, soweit es sich um Finanzanlagen im Sinne des § 34f GewO handelt	Ja, soweit es sich um Finanzanlagen im Sinne des § 34f GewO handelt	Ja, soweit es sich um Finanzanlagen im Sinne des § 34f GewO handelt	Ja, soweit es sich um Finanzanlagen im Sinne des § 34f GewO handelt
Manager Assecuranz (Torus Insurance)	Ja, soweit unter § 34f GewO	Ja, soweit unter § 34f GewO	Ja, soweit unter § 34f GewO	Ja, soweit unter § 34f GewO	Ja, soweit unter § 34f GewO
Nürnberger	Ja, gegen Zuschlag	Ja, gegen Zuschlag	Ja, gegen Zuschlag	Ja, gegen Zuschlag	Ja, gegen Zuschlag

Tab. 6.5.2 Fortsetzung

Ratzke & Ratzke (Allianz)	Abhängig von der Ausgestaltung	Ja	Ja, prämienpflichtig	Ja, prämienpflichtig	Ja, prämienpflichtig; alle Fonds in Form des § 34f Abs. 1 Satz 1 Ziff. 2 (geschlossene Fonds in Form der KG) sind Gegenstand des Versicherungsschutzes, daher sind die oben aufgeführten Unterteilungen als Einschränkung zu betrachten, § 34f Abs. 1 Satz 1 Ziff. 2 kann versichert werden	Ja, prämienpflichtig
Ratzke & Ratzke (Allcura)	Abhängig von der Ausgestaltung	Ja	Ja, prämienpflichtig	Ja, prämienpflichtig	Ja, prämienpflichtig	Ja, prämienpflichtig
Ratzke & Ratzke (AXA)	Abhängig von der Ausgestaltung	Ja	Ja, prämienpflichtig	Ja, prämienpflichtig	Ja, prämienpflichtig	Ja, prämienpflichtig
Ratzke & Ratzke (Liberty, Europe)	Abhängig von der Ausgestaltung	Ja	Ja, prämienpflichtig	Ja, prämienpflichtig	Ja, prämienpflichtig	Ja, prämienpflichtig
Ratzke & Ratzke (R+V)	Abhängig von der Ausgestaltung	Ja	Ja, prämienpflichtig	Ja, prämienpflichtig	Ja, prämienpflichtig	Ja, prämienpflichtig
R+V	Ja, soweit es sich um Dach-Hedgefonds handelt und eine Zulassung nach § 32 KWG besteht	Ja und ohne Begrenzung			Ja und ohne Begrenzung	Anfrage, Schiffsbeteiligung Ja
SdV Secure (HDI oder Allcura)	Ja, soweit sie unter § 34f Abs. 1 Nr. 1 GewO fallen					

Tab. 6.5.2 Fortsetzung

SdV Select (Allcura)	Ja, optional, soweit sie unter § 34f Abs. 1 Nr. 1, 2 oder 3 GewO fallen
SdV Comfort+ (Ergo)	Ja, optional, soweit sie unter § 34f Abs. 1 Nr. 1, 2 oder 3 GewO fallen
Swiss Life Partner (HDI)	Ja, soweit sie unter § 34f Abs. 1 Nr. 1 oder 2 GewO fallen

Alle Daten wurden Anfang 2013 bei von den VSH-Anbietern erfragt. Alle Antworten, bis auf die separat gekennzeichneten (* Anm. d. Red.), stammen von den Anbietern selbst – teils auch in gekürzter Form – und stellen nicht die Meinung des Autors oder Verlages dar. Die Tabelle erhebt keinen Anspruch auf Vollständigkeit und stellt auch keine Empfehlung dar. Der Verlag und der Autor können keine Haftung für die Richtigkeit der Daten übernehmen. © Redaktionsbüro Zwick

6.5 Nicht alle Versicherungs- und Finanzprodukte werden von …

Tab. 6.5.3 Versicherbares Produktportfolio: Bausparverträge, Finanzierungen, Leasingverträge und Sparbücher

Anbieter (Risikoträger)	Bausparverträge	Finanzierungen (wenn Ja, bis zu welcher maximalen Höhe beitragsfrei)	Leasingverträge (wenn Ja, bis zu welcher maximalen Höhe beitragsfrei)	Vermittlung von Sparbüchern (wenn Ja, bis zu welcher maximalen Höhe beitragsfrei)
Allcura	Ja, über das Konzept erlaubnisfreie Finanzierungsvermittlung für die nicht einer Pflichtversicherung unterliegenden Tätigkeiten, eigener Tarif	Ja, über das Konzept erlaubnisfreie Finanzierungsvermittlung für die nicht einer Pflichtversicherung unterliegenden Tätigkeiten, eigener Tarif, VS frei wählbar		Optional
Assist Assekuranz (AXA)	Ja, Zusatzbaustein, Umsatztarif und gewählte VS	Ja, Zusatzbaustein, Umsatztarif und gewählte VS	Ja, Zusatzbaustein, Umsatztarif und gewählte VS	Ja, im Rahmen Zusatzbaustein, – Umsatztarif
ATS FinanzService (Allianz)	Ja	Ja	Ja	Nein, KWG-Produkte nur nach Ausnahmeregelung gem. § 34f GewO, sonst nur über Haftungsdach (§ 32 KWG)
BCA (Allianz)	Ja, im Baustein 34c	Ja, im Baustein 34c	Ja, im Baustein 34c	Nein
Charta (Ergo)	Ja, ohne Begrenzung	Ja, ohne Begrenzung	Ja, ohne Begrenzung	Ja, ohne Begrenzung (abwählbar)
ConceptIF und Corporate Insurance (Liberty)	Ja, gegen Zuschlag	Ja, gegen Zuschlag	Ja, gegen Zuschlag	Nein
Nordias/Barth, Assekuradeur: Domcura (Allcura)	Ja, über Baustein Finanzierungsvermittlung mit Nebentätigkeiten	Ja, über Baustein Finanzierungsvermittlung mit Nebentätigkeiten	Ja, über Baustein Finanzierungsvermittlung mit Nebentätigkeiten	Optional
Nordias/Barth, Assekuradeur: Domcura (R+V)	Ja, über Baustein Finanzierungsvermittlung: Vermittlung von Bausparverträgen	Ja, über Baustein Finanzierungsvermittlung: Vermittlung von Leasingverträgen	Ja, über Baustein Finanzierungsvermittlung	Optional
Ergo	Ja, beitragsfrei ohne Sublimit	Ja, beitragsfrei ohne Sublimit	Ja, beitragsfrei ohne Sublimit	Ja, beitragsfrei ohne Sublimit

Tab. 6.5.3 Versicherbares Produktportfolio: Fortsetzung

Manager Assecuranz (Torus Insurance)	Ja	Ja	Nein, aber Bauspar Ja
Nürnberger	Ja	Ja	Ja
Ratzke & Ratzke (Allianz)	Ja	Ja	Ja, prämienpflichtig
Ratzke & Ratzke (Allcura)	Ja	Ja	Ja, prämienpflichtig
Ratzke & Ratzke (AXA)	Ja	Ja	Ja, prämienpflichtig
Ratzke & Ratzke (Liberty, Europe)	Ja	Ja	Ja, prämienpflichtig
Ratzke & Ratzke (R+V)	Ja	Ja	Ja, prämienpflichtig
R+V	Ja und ohne Begrenzung	Ja und ohne Begrenzung	Ja (auf Anfrage)
SdV Secure (HDI oder Allcura)	Ja, ohne Begrenzung	Ja	Nein
SdV Select (Allcura)	Ja, ohne Begrenzung	Nein	Optional, ohne Begrenzung
SdV Comfort+ (Ergo)	Ja, ohne Begrenzung	Ja	Ja, ohne Begrenzung
Swiss Life Partner (HDI)	Ja, ohne Begrenzung	Ja	Nein

Alle Daten wurden Anfang 2013 bei von den VSH-Anbietern erfragt. Alle Antworten, bis auf die separat gekennzeichneten (* Anm. d. Red.), stammen von den Anbietern selbst – teils auch in gekürzter Form – und stellen nicht die Meinung des Autors oder Verlages dar. Die Tabelle erhebt keinen Anspruch auf Vollständigkeit und stellt auch keine Empfehlung dar. Der Verlag und der Autor können keine Haftung für die Richtigkeit der Daten übernehmen. © Redaktionsbüro Zwick

Tab. 6.5.4 Versicherbares Produktportfolio: Vermittlung von Sachwerten, Genussrechte, Miet- oder Pachtverträge, Immobilien- und Grundstückskaufverträge, Erwerb, Weitervermietung und Bewirtschaftungsverträge zu Containern

Anbieter (Risikoträger)	Vermittlung von Sachwerten (z. B. Edelmetall wie Gold etc.)	Genussrechte	Miet-/Pachtverträgen von Immobilien und Grundstücke	Kaufverträge von Immobilien und Grundstücken	Container (Erwerb und Weitervermietung) einschließlich der hiermit im Zusammenhang stehenden Containerbewirtschaftungsverträge
Allcura	Optional	Ja, sofern Gegenstand der Pflichtversicherung für Finanzanlagenvermittler nach § 34f Abs. 1 Nr. 3 GewO, daher nicht als Zusatz versicherbar, sondern nur über eigenen Versicherungsvertrag oder sofern die Tätigkeit nicht unter die Bereichsausnahme nach § 2 Abs. 6 S. 1 Nr. 8 KWG fällt über das Konzept für Anlage-, Abschlussvermittler oder Anlageberater nach § 32 KWG. Eine beitragsfreie Mitversicherung ist im Hinblick auf die Pflichtversicherung oder die eigenkapitalersetzende Versicherung nach KWG nicht möglich, VS mind. in Höhe der Pflicht-VS	Ja, die nebenberufliche Tätigkeit als Immobilienmakler kann im Rahmen des Konzepts erlaubnisfreie Finanzierungsvermittlung als zusätzliche Deckung zur Pflichtversicherung für Versicherungsvermittler oder Finanzanlagenvermittler versichert werden, eigener Tarif, die Gesamt-VS für alle über das Konzept Finanzierungsvermittlung versicherten Risiken ist frei wählbar je nach Risikoeinschätzung		Ja, über das Konzept erlaubnisfreie Finanzierungsvermittlung für die nicht einer Pflichtversicherung unterliegenden Tätigkeiten, eigener Tarif, VS frei wählbar
Assist Assekuranz (AXA)	Nein	Ja, sofern es sich um eine sonstige Vermögensanlage nach § 34f Abs. 1 Nr. 3 GewO handelt – Umsatztarif	Ja, Zusatzbaustein	Ja, Zusatzbaustein	Nein
ATS FinanzService (Allianz)	Nein, da kein Finanzinstrument	Ja, optional (FAV-Baustein 3)	Ja, Umsatzstaffel für Prämien	Ja, Umsatzstaffel für Prämien	Nein, da kein Finanzinstrument

Tab. 6.5.4 Fortsetzung

BCA (Allianz)	Ja, beitragspflichtig	Ja, über Baustein 34f Nr. 3	Ja, über Baustein Immobilien	Ja, beitragspflichtig
Charta (Ergo)	Ja (Edelmetalle), ohne Begrenzung (abwählbar)	Nein	Ja, ohne Begrenzung (abwählbar)	Ja, ohne Begrenzung (abwählbar)
ConceptIF und Corporate Insurance (Liberty)	Nein	Neu nach § 34f; Ja	Ja, gegen Zuschlag	Ja, gegen Zuschlag
Nordias/Barth, Assekuradeur: Domcura (Allcura)	Optional	Ja, wenn § 34f Abs. 1 Nr. 3, VS mind. in Höhe der Pflicht-VS	Ja, optional im Rahmen des Zusatzbausteins Finanzdienstleistungsvermittlung mit Nebentätigkeiten	Ja, über Baustein Finanzierungsvermittlung mit Nebentätigkeiten
Nordias/Barth, Assekuradeur: Domcura (R+V)	Optional	Ja, wenn § 34f Abs. 1 Nr. 3, VS mind. in Höhe der Pflicht-VS	Ja, im Rahmen der Mitversicherung Finanzdienstleistungen gegen Zuschlag	Ja, über Baustein Finanzierungsvermittlung mit Nebentätigkeiten
Ergo	Ja, nach individueller Risikoprüfung	Ja, soweit es sich um eine Finanzanlage im Sinne des § 34f GewO handelt ohne Sublimit	Ja, beitragsfrei ohne Sublimit	Ja, soweit es sich um Finanzanlagen im Sinne des § 34f GewO handelt
Manager Assecuranz (Torus Insurance)	Ja	Ja	Nein	Ja, auch Wechselbrücken, Energiecontainer und Eisenbahnwaggons
Nürnberger	Ja	Ja, gegen Zuschlag	Ja	Ja

Tab. 6.5.4 Fortsetzung

Ratzke & Ratzke (Allianz)	Ja, prämienpflichtig	Ja, prämienpflichtig	Optional, gegen Prämienzuschlag	Optional, gegen Prämienzuschlag	Ja, prämienpflichtig
Ratzke & Ratzke (Allcura)	Nein	Ja, prämienpflichtig	Optional, gegen Prämienzuschlag	Optional, gegen Prämienzuschlag	Ja, prämienpflichtig
Ratzke & Ratzke (AXA)	Individuell	Ja, prämienpflichtig	Optional, gegen Prämienzuschlag	Optional, gegen Prämienzuschlag	Ja, prämienpflichtig
Ratzke & Ratzke (Liberty, Europe)	Individuell	Ja, prämienpflichtig	Optional, gegen Prämienzuschlag	Optional, gegen Prämienzuschlag	Individuell, prämienpflichtig
Ratzke & Ratzke (R+V)	Ja, prämienpflichtig	Ja, prämienpflichtig	Optional, gegen Prämienzuschlag	Optional, gegen Prämienzuschlag	Ja, prämienpflichtig
R+V	Ja, auf Anfrage	Ja, auf Anfrage, vgl. auch § 34f Abs. 1 Nr. 3 GewO	Ja und ohne Begrenzung	Ja und ohne Begrenzung	Ja und ohne Begrenzung
SdV Secure (HDI oder Allcura)	Nein	Nein	Ja, ohne Begrenzung	Ja, ohne Begrenzung	Nein
SdV Select (Allcura)	Optional, ohne Begrenzung	Optional	Optional, ohne Begrenzung	Optional, ohne Begrenzung	Optional
SdV Comfort+ (Ergo)	Ja, ohne Begrenzung	Ja	Ja, ohne Begrenzung	Ja, ohne Begrenzung	Ja
Swiss Life Partner (HDI)	Nein	Ja	Ja, ohne Begrenzung	Ja, ohne Begrenzung	Ja

Alle Daten wurden Anfang 2013 bei von den VSH-Anbietern erfragt. Alle Antworten, bis auf die separat gekennzeichneten (* Anm. d. Red.), stammen von den Anbietern selbst – teils auch in gekürzter Form – und stellen nicht die Meinung des Autors oder Verlages dar. Die Tabelle erhebt keinen Anspruch auf Vollständigkeit und stellt auch keine Empfehlung dar. Der Verlag und der Autor können keine Haftung für die Richtigkeit der Daten übernehmen. © Redaktionsbüro Zwick

6.6 Wer ist versichert?

Entsprechend des § 9 Abs. 3 bis 5 VersVermV muss der gesetzlich vorgeschriebene VSH-Schutz für jeden Versicherungsvermittler oder Versicherungsberater selbst, aber auch für seine Erfüllungsgehilfen (§ 278 BGB) und seine Verrichtungsgehilfen (§ 831 BGB) gelten. Ausnahme: Er hat Erfüllungs- oder Verrichtungsgehilfen beschäftigt, die selbst zum Abschluss einer Berufshaftpflichtversicherung verpflichtet sind. Die gesetzliche Regelung für Finanzanlagenvermittler nach § 9 Abs. 3 bis 5 FinVermV gilt entsprechend.

Es kann jedoch sein, dass der Versicherungsumfang der vom Erfüllungs- oder Verrichtungsgehilfen abgeschlossenen VSH-Police für eine erlaubnispflichtige Tätigkeit nach § 34d und f GewO, beispielsweise hinsichtlich der Versicherungssumme, nicht ausreicht, um einen entstandenen VSH-Schaden gänzlich begleichen zu können. Für Tätigkeitsarten wie die Vermittlung von Bausparverträgen, für die keine Berufshaftpflichtversicherung vorgeschrieben wird, muss ein Erfüllungs- oder Verrichtungsgehilfe keine eigene Berufshaftpflichtversicherung abschließen. Dadurch kann es zu Absicherungslücken kommen, für die letztendlich auch der Versicherungsvermittler, Finanzanlagenberater und/oder Finanzdienstleister, für den der Erfüllungs- oder Verrichtungsgehilfe tätig ist, haften muss

Daher kann es sinnvoll sein, den Erfüllungs- oder Verrichtungsgehilfen, selbst wenn dieser einen eigenen VSH-Vertrag haben sollte, in den VSH-Schutz des Versicherungsvermittlers oder -beraters einzuschließen. Einige VSH-Anbieter gewähren einen Prämienrabatt, wenn der Erfüllungs- oder Verrichtungsgehilfe bereits einen eigenen VSH-Vertrag hat.

Je nach VSH-Tarif gibt es Unterschiede, wie viele Geschäftsführer bzw. Versicherungsvermittler oder -berater, deren angestellte Mitarbeiter und/oder freie Vermittler in der Grundprämie des jeweiligen Tarifs als mitversichert gelten. Während bei manchen Tarifen mit der Grundprämie ein Geschäftsführer/Versicherungsvermittler sowie maximal drei, vier oder fünf Mitarbeiter mitversichert sind, gibt es andere, die pauschal alle Geschäftsführer/Versicherungsvermittler und Mitarbeiter abdecken. Je nach Tarif richtet sich die Prämienhöhe entweder nach der Anzahl der zu versichernden Unternehmer (Geschäftsführer, Firmeninhaber) und Mitarbeiter oder nach dem jährlichen Umsatz. Auch die Prämienermittlung für freiberuflich tätige Vertreter (§ 84 HGB (Handelsgesetzbuch)), die für das Unternehmen tätig sind, ist unterschiedlich. Entweder sind sie bereits in der Grundprämie mitversichert, können gegen Aufpreis in den entsprechenden VSH-Tarif mit eingeschlossen werden, oder der Versicherungsvermittler oder -berater muss einen separaten Vertrag für diese Mitarbeiter abschließen. Einige Anbieter gewähren einen Nachlass, wenn die freiberuflichen Vertreter bereits eine eigene Berufshaftpflichtversicherung haben.

Hervorzuheben ist, dass in fast allen vorgestellten Tarifen der VSH-Anbieter, die bei der Marktübersicht teilgenommen haben, alle Personen, die die Versicherten beispielsweise

6.6 Wer ist versichert?

aufgrund Krankheit oder Urlaub vertreten, für die Zeit der Vertretung automatisch mitversichert gelten. Bei zwei Tarifen ist ein optionaler Einschluss möglich.

Bei Personenhandelsgesellschaften und juristischen Personen: Wie bereits unter 1.2.1 und 2.2.3 beschrieben, muss jede Personenhandelsgesellschaft, also eine OHG, KG GmbH & Co. KG und GmbH & Co. OHG, die eine erlaubnispflichtige Versicherungsvermittlung nach § 34d GewO oder auch eine erlaubnispflichtige Finanzanlagenvermittlung nach § 34f GewO durchführen, eine gesetzlich vorgeschriebene Berufshaftpflichtversicherung haben. Zusätzlich muss auch für den geschäftsführenden Gesellschafter, sofern es sich um einen erlaubnispflichtigen Vermittler handelt, ebenfalls eine Berufshaftpflichtversicherung bestehen. Der Versicherungsschutz für das Unternehmen und auch für den oder die Gesellschafter kann in einem Vertrag geregelt sein. Es können aber auch zwei separate Berufs- bzw. Vermögensschaden-Haftpflichtversicherungen bestehen, nämlich eine für die Personenhandelsgesellschaft und eine für den Erlaubnisinhaber, der als geschäftsführender Gesellschafter tätig ist.

Bei juristischen Personen genügt es, wenn die Firma und deren Erfüllungs- und Verrichtungsgehilfen, zu denen auch der Vorstand oder geschäftsführende Gesellschafter zählen, versichert sind (Tab. 6.6).

Tab. 6.6 Versicherter Personenkreis

Anbieter (Risikoträger)	Berechnungsgrundlage	Freie Vermittler (je Mitarbeiter § 84 HGB)
	Berechnungsgrundlage für alle Geschäftsführer bzw. Versicherungsmakler sowie die angestellten Innendienstmitarbeiter (Voll- und Teilzeit, Praktikanten, Auszubildende)	Vertretungen im Urlaubs-, Krankheits- oder Todesfall (also Kollegen, die für den VN bzw. die versicherte Person (VP) einspringen)
Allcura	Pauschal ein Geschäftsführer und max. fünf Mitarbeiter, je weiterer Mitarbeiter 10 % Zuschlag	Optional
Assist Assekuranz (AXA)	Das Unternehmen inklusive einem Geschäftsführer, alle sozialversicherungspflichtig angestellten Innen- und Außendienstmitarbeiter sind in der Basisprämie versichert.	Ja, eigene Pflichtdeckung mit bis zu 50 % Nachlass
ATS FinanzService (Allianz)	Versichert sind pauschal: ein Geschäftsführer, max. fünf Innendienstmitarbeiter, je weiterer Innendienstmitarbeiter 10 % (Teilzeit bis 20 Stunden und Azubi Anrechnung je 50 % Person)	Ja, je Außendienstmitarbeiter 10 %, ab 101 nur 5 %
BCA (Allianz)	Ein Geschäftsführer und fünf Angestellte/Untervermittler inklusive	60 % Nachlass für 84er Untervermittler im gleichen VSH-Konzept
Charta (Ergo)	Ein Geschäftsführer plus vier Mitarbeiter beitragsfrei	Ja; wird beitragsmäßig wie ein angestellter Mitarbeiter behandelt (bis vier Mitarbeiter beitragsfrei; danach je weiteren Mitarbeiter 5 % Zuschlag auf Grundbeitrag)

6.6 Wer ist versichert?

Tab. 6.6 Fortsetzung

ConceptIF und Corporate Insurance (Liberty)	Versichert sind pauschal: ein Geschäftsführer, max. fünf Innendienstmitarbeiter, je weiterer Geschäftsführer 25 % Zuschlag, je weiteren Innendienstmitarbeiter 10 %, Auszubildende beitragsfrei	Ja, je freier Mitarbeiter eigene Deckung und Beitrag
Nordias/Barth, Assekuradeur: Domcura (Allcura)	Pauschal ein Geschäftsführer und max. fünf Mitarbeiter, je weiterer Mitarbeiter 10 % Zuschlag	Ja, Zuschlag je weiterer freier Mitarbeiter 10 %, 50 % Nachlass für selbstversicherte Mitarbeiter	Optional
Nordias/Barth, Assekuradeur: Domcura (R+V)	Umsatz/Provisionseinnahmen	Beitragsfrei, 50 % Nachlass für selbstversicherte Mitarbeiter	Ja
Ergo	Erster Inhaber: 100 % Grundbeitrag, zweiter Inhaber/Geschäftsführer: 50 % Zuschlag, Mitarbeiter*: drei Mitarbeiter beitragsfrei, ab viertem Mitarbeiter: 10 % Zuschlag. * Als Mitarbeiter gelten freie (z. B. gem. § 84 HGB) und angestellte Mitarbeiter	Ja. Handelsvertreter haben über den Vertrag des Patrons Versicherungsschutz. Die Versicherung ersetzt aber nicht die eigene Pflichtdeckung der Handelsvertreter Die eigene Deckung der Handelsvertreter geht vor.	Ja
Manager Assecuranz (Torus Insurance)	Alle Geschäftsführer und Mitarbeiter inklusive Prämie auf den Provisionsumsatz	Optional	Ja
Nürnberger	Nach Anzahl der Inhaber/Geschäftsführer, die ersten drei angestellten Mitarbeiter sind beitragsfrei; je weiterer Angestellter 10 % der Prämie für Inhaber/Geschäftsführer	Versicherungsschutz ersetzt nicht die eigene Pflichtversicherung der freien Mitarbeiter. Soweit freie Mitarbeiter über eine eigene Pflichtversicherung verfügen geht diese vor – 50 % der Grundprämie	Es besteht Versicherungsschutz für die Vertretung
Ratzke & Ratzke (Allianz)	Ein Geschäftsführer + fünf Mitarbeiter	50 % (Zuschlag auf Hauptvertrag für § 84 HGB)	Ja

Tab. 6.6 Fortsetzung

Ratzke & Ratzke (Allcura)	Ein Geschäftsführer + fünf Mitarbeiter	50 %, Zuschlag auf Hauptvertrag für § 84 HGB	Ja
Ratzke & Ratzke (AXA)	Ein Geschäftsführer + drei Mitarbeiter	50 %, Zuschlag auf Hauptvertrag für § 84 HGB	Ja
Ratzke & Ratzke (Liberty, Europe)	Ein Geschäftsführer + fünf Mitarbeiter	50 %, Zuschlag auf Hauptvertrag für § 84 HGB	Ja
Ratzke & Ratzke (R+V)	Umsatztarif	Keinen, da Umsatztarif	Ja
R+V	Umsatz- bzw. Honorareinnahmen	Eigener Vertrag, sofern eigene Versicherungspflicht besteht, sonst beitragsfrei	Ja
SdV Secure (HDI oder Allcura)	Umsatztarif, alle Inhaber/Geschäftsführer und Mitarbeiter inkludiert	Eigener Vertrag gemäß Pflichtdeckung erforderlich, Rabatt = 60 %	Ja
SdV Select (Allcura)	Anzahl der Mitarbeiter, Grundprämie umfasst einen Inhaber/Geschäftsführer und bis zu drei Mitarbeiter	Eigener Vertrag gemäß Pflichtdeckung erforderlich, Rabatt = 50 %	Ja
SdV Comfort+ (Ergo)	Anzahl der Mitarbeiter, Grundprämie umfasst ein Inhaber/Geschäftsführer und bis zu fünf Mitarbeiter	Eigener Vertrag gemäß Pflichtdeckung erforderlich, Rabatt = 50 %	Ja
Swiss Life Partner (HDI)	Umsatztarif, alle Inhaber/Geschäftsführer und Mitarbeiter inkludiert	Eigener Vertrag gemäß Pflichtdeckung erforderlich, Rabatt = 50 %	Ja

Alle Daten wurden Anfang 2013 bei von den VSH-Anbietern erfragt. Alle Antworten, bis auf die separat gekennzeichneten (* Anm. d. Red.), stammen von den Anbietern selbst – teils auch in gekürzter Form – und stellen nicht die Meinung des Autors oder Verlages dar. Die Tabelle erhebt keinen Anspruch auf Vollständigkeit und stellt auch keine Empfehlung dar. Der Verlag und der Autor können keine Haftung für die Richtigkeit der Daten übernehmen. © Redaktionsbüro Zwick

6.7 Geltungsbereich

Wie bereits unter 1.1.1 beschrieben, muss für die erlaubnispflichtige Tätigkeit als Versicherungsvermittler und -berater (§ 34d oder e GewO) für den gesetzlich vorgeschriebenen VSH-Schutz ein Geltungsbereich vereinbart sein, der das gesamte Gebiet der Mitgliedstaaten der Europäischen Union und der anderen Vertragsstaaten des Abkommens über den Europäischen Wirtschaftsraum (EWR) umfasst.

Achtung: Da die Schweiz weder zur EU noch zu den Staaten, die dem Abkommen des Europäischen Wirtschaftsraum (EWR) beigetreten ist, gehört, sollten Vermittler und -berater, die in der Schweiz tätig sind, darauf achten, dass die Schweiz ebenfalls als Geltungsbereich genannt wird.

Die Erlaubnis nach § 34d und e GewO gilt nur für den im Vertrag genannten Geltungsbereich. Möchte ein Versicherungsvermittler bzw. -berater in einem anderen Land, beispielsweise das nicht zur EU und/oder zum EWR gehört, tätig werden, hat er dies zuvor der Registerbehörde mitzuteilen. Auch der VSH-Vertrag ist entsprechend zu ergänzen.

Keinen gesetzlich vorgeschriebenen Geltungsbereich gibt es für die notwendige Berufshaftpflicht bei der erlaubnispflichtigen Tätigkeit als Finanzanlagenvermittler nach § 34f GewO sowie bei den sonstigen nicht erlaubnispflichtigen Finanzdienstleistertätigkeiten.

Grundsätzlich ist es wichtig, dass in den Staaten, in denen die Tätigkeit(en) ausgeübt wird (also beispielsweise auch in Ländern außerhalb der EU oder des EWR) Versicherungsschutz besteht. Wer beispielsweise in der Ukraine Kunden hat, sollte auch in diesem Land Versicherungsschutz durch die VSH-Police haben und sich den erweiterten Geltungsbereich entsprechend durch den VSH-Anbieter bestätigen lassen.

Für alle, die nicht nur als Versicherungsvermittler, sondern auch als Finanzanlagenvermittler tätig sind, ist es wichtig, dass der Geltungsbereich nicht nur für die Tätigkeit als Versicherungsvermittler, sondern auch als Finanzanlagenvermittler die Länder umfasst, in denen der Vermittler tätig ist. Manche Anbieter haben nämlich unterschiedliche Geltungsbereiche für Versicherungsvermittler und Finanzanlagenvermittler.

Fast bei allen VSH-Tarifen, die in der Marktübersicht vorgestellt werden, besteht automatisch Versicherungsschutz für Haftpflichtansprüche, die vor ausländischen Gerichten innerhalb der EU geltend gemacht werden.

Anders sieht es aus bei Haftpflichtansprüchen, die auf Tätigkeiten von ausländischen Niederlassungen des Versicherungs- und/oder Finanzanlagenvermittlers beruhen. Hier gibt es einige Anbieter, die die Ansprüche vor ausländischen Gerichten innerhalb der EU und der Schweiz nur optional oder gar nicht abdecken.

Auch Ansprüche, die nach dem jeweiligen Recht der Länder im genannten Geltungsbereich(also nicht nur nach deutschem Recht) gegen den Versicherten erhoben werden, werden nicht oder nur optional von einigen in der Marktübersicht aufgeführten VSH-Tarifen abgedeckt (Tab. 6.7).

Tab. 6.7 Geltungsbereich der Versicherungen

Anbieter (Risikoträger)	Europäische Union (EU) und Europäischer Wirtschaftsraum (EWR)	EU, EWR und Schweiz	Unselbstständige Niederlassungen sind innerhalb der EU und des EWR versicherbar	Mit Ansprüchen, die vor ausländischen Gerichten der Länder im genannten Geltungsbereich erhoben werden	Mit Ansprüchen, die *nach dem jeweiligen Recht der Länder* im genannten Geltungsbereich erhoben werden
Allcura	Ja	Nein	Ja	Ja	Ja
Assist Assekuranz (AXA)	Ja	Ja	Ja	Ja	Ja
ATS FinanzService (Allianz)	Ja, EU	Ja, EU	Optional	Ja, wenn eingeschlossen	Ja, wenn eingeschlossen
BCA (Allianz)	Ja, weltweit	Ja, weltweit	Ja, weltweit	Ja, Staaten Europas	Ja, Staaten Europas
Charta (Ergo)	Ja	Ja	Ja	Ja	Ja
ConceptIF und Corporate Insurance (AXA und Liberty)	Ja	Ja	Ja	Ja	Nein, es gilt deutsches Recht
Nordias/Barth, Assekuradeur: Domcura (Allcura)	Ja	Nein	Ja	Ja	Ja
Nordias/Barth, Assekuradeur: Domcura (R+V)	Ja	Nein	Ja	Ja	Ja
Ergo	Ja	Ja	Ja	Ja	Ja
Manager Assecuranz (Torus Insurance)	Ja	Schweiz denkbar über Partner	Ja	Ja	Ja

6.7 Geltungsbereich

Tab. 6.7 Fortsetzung

Nürnberger	Ja	Ja	Ja	Ja	Nein, nur deutsches Recht
Ratzke & Ratzke (Allianz)	Ja	Schweiz optional	Ja, sofern gesonderte Vereinbarung und rechtlich zulässig; die Antwort basiert auf der Frage: Versicherungsschutz für Tätigkeiten, die über ausländische Niederlassungen ausgeübt werden?	Ja	Ja, die Antwort basiert auf der Frage: Versicherungsschutz für Haftpflichtansprüche wegen der Verletzung oder Nichtbeachtung des Rechts der Staaten der EU, EWR und Schweiz bzw. Haftpflichtansprüche, die nach dem Recht dieser Staaten geltend gemacht werden?
Ratzke & Ratzke (Allcura)	Ja	Schweiz optional	Nein, die Antwort basiert auf der Frage: Versicherungsschutz für Tätigkeiten, die über ausländische Niederlassungen ausgeübt werden?	Ja, Schweiz optional	Ja, Schweiz optional, die Antwort basiert auf der Fragen: Versicherungsschutz für Haftpflichtansprüche wegen der Verletzung oder Nichtbeachtung des Rechts der Staaten der EU, EWR und Schweiz bzw. Haftpflichtansprüche, die nach dem Recht dieser Staaten geltend gemacht werden?

Tab. 6.7 Fortsetzung

Ratzke & Ratzke (AXA)	Ja	Schweiz optional	Ja, sofern gesonderte Vereinbarung;[1]	Ja, Einschränkung bei Finanzanlagenvermittler auf Staaten der EU und Schweiz, bei Versicherungsvermittler auf Staaten der EU und EWR	Ja, Einschränkung bei Finanzanlagenvermittler auf Staaten der EU und Schweiz, bei Versicherungsvermittler auf Staaten der EU und EWR,[2]
Ratzke & Ratzke (Liberty, Europe)	Ja	Schweiz optional	Nein bei Versicherungsberater, -vermittler und Finanzanlagenvermittler;[1]	Ja	Ja,[2]
Ratzke & Ratzke (R+V)	Ja	Schweiz optional	Ja, sofern gesonderte Vereinbarung;[1]	Ja	Ja,[2]
R+V	Ja	Ja	Ja, auf Anfrage	Ja	Ja
SdV Secure (HDI oder Allcura)	Ja	Ja	Ja	Ja	Ja
SdV Select (Allcura)	Ja	Nein	Nein	Ja	Ja, Nichtbeachtung und Verletzung des Rechts von Mitgliedsstaaten der EU

[1] die Antwort basiert auf der Frage: Versicherungsschutz für Tätigkeiten, die über ausländische Niederlassungen ausgeübt werden?
[2] die Antwort basiert auf der Frage: Versicherungsschutz für Haftpflichtansprüche wegen der Verletzung oder Nichtbeachtung des Rechts der Staaten der EU, EWR und Schweiz bzw. Haftpflichtansprüche, die nach dem Recht dieser Staaten geltend gemacht werden?

Tab. 6.7 Fortsetzung

SdV Comfort+ (Ergo)	Ja	Nein	Ja	Ja, Versicherungsschutz besteht für Berufstätigkeiten in Europa (geografisch) aus der Verletzung und Nichtbeachtung europäischen Rechts sowie der Inanspruchnahme vor europäischen Gerichten
Swiss Life Partner (HDI)	Ja	Ja	Ja	Ja

Alle Daten wurden Anfang 2013 bei von den VSH-Anbietern erfragt. Alle Antworten, bis auf die separat gekennzeichneten (* Anm. d. Red.), stammen von den Anbietern selbst – teils auch in gekürzter Form – und stellen nicht die Meinung des Autors oder Verlages dar. Die Tabelle erhebt keinen Anspruch auf Vollständigkeit und stellt auch keine Empfehlung dar. Der Verlag und der Autor können keine Haftung für die Richtigkeit der Daten übernehmen. © Redaktionsbüro Zwick

6.8 Deckungssummen

Wie beschrieben, ist die gesetzlich vorgeschriebene Mindestversicherungssumme für die Berufshaftpflichtversicherung, die ein erlaubnispflichtiger Versicherungsvermittler und auch ein erlaubnispflichtiger Finanzanlagenvermittler benötigt, identisch.

Allerdings muss die Deckungssumme je Tätigkeit, für die eine Berufshaftpflichtversicherung vorgeschrieben ist, separat zur Verfügung stehen. Wer also beispielsweise als Versicherungs- und als Finanzanlagenvermittler tätig ist, benötigt eine VSH-Versicherung, bei der die Mindestversicherungssummen zweimal zur Verfügung stehen, einmal für Schäden aus der Versicherungsvermittlung nach § 34d GewO und einmal für Schäden aus der Finanzanlagenvermittlung nach § 34f GewO.

Die gesetzlich festgelegten Mindestversicherungssummen der Berufshaftpflichtversicherung für Tätigkeiten nach § 34d GewO (Versicherungsvermittler), nach § 34e GewO (Versicherungsberater) und nach § 34f GewO (Finanzanlagenvermittler) beträgt seit dem 15. Januar 2013 für jeden Versicherungsfall 1.230.000 und 1.850.000 € für alle Versicherungsfälle eines Jahres innerhalb der versicherten Tätigkeit.

Zudem ist in der VersVermV und der FinVermV eine Änderung der Versicherungssumme gemäß den von EuroStat veröffentlichten Änderungen des Europäischen Verbraucherpreisindexes regelmäßig alle fünf Jahre ab dem genannten ersten Änderungstermin festgeschrieben. Die nächste Änderung erfolgt demnach am 15. Januar 2018. Doch nicht alle Anbieter, die eine gesetzlich vorgeschriebene Berufshaftpflicht anbieten, erhöhen die Mindestversicherungssummen entsprechend automatisch. Das heißt, der Vermittler muss unter Umständen selbst sicherstellen, dass sein Versicherungsschutz auch nach einer Erhöhung der Mindestversicherungssummen gemäß § 9 Abs. 2 VersVermV und FinVermV, den gesetzlichen Vorgaben entspricht.

Für Tätigkeiten, die keiner gesetzlich vorgeschriebenen Berufshaftpflicht unterliegen, gibt es auch keine vorgeschriebene Mindestversicherungssumme. Nicht selten sind hier die niedrigsten angebotenen Deckungssummen weit unter den Mindestversicherungssummen für Versicherungs- und Finanzanlagenvermittler.

Grundsätzlich sollte jeder Vermittler, egal ob er eine Tätigkeit ausübt, für die eine Berufshaftpflicht vorgeschrieben ist oder nicht, den höchst möglichen Schaden, der durch seine Tätigkeit denkbar ist, absichern. Je nach Produktportfolio und Tätigkeitsart ist es möglich, dass im Schadenfall die gesetzlich vorgegebenen Mindestversicherungssummen nicht ausreichen, dann müsste der Vermittler für den restlichen, nicht von seiner VSH-Police abgedeckten Schaden, selbst haften.

Wichtig ist, dass man bei der Ermittlung der richtigen Deckungssummen zum einen den größten möglichen Einzelschaden, aber auch mögliche Schadenshäufungen im Jahr absichert. Angeboten werden hier diverse Möglichkeiten, um den individuellen Bedarf ab-

6.8 Deckungssummen

zusichern: von einer niedrigeren Deckungssumme pro Schaden mit einer hohen Maximierung der Deckungssumme für alle Schäden im Jahr bis hin zu einer hohen Deckungssumme pro Schaden und einer niedrigen Maximierung, aber auch eine hohe Deckungssumme und eine hohe Maximierung sind möglich.

Neben der Vielzahl an Varianten zu den Deckungssummen gibt es auch beim Selbstbehalt diverse Vertragsvarianten: Tarife ohne Selbstbeteiligung, mit einer prozentualen oder auch mit einer summenmäßigen Selbstbeteiligung pro Schaden. Auch eine prozentuale Selbstbeteiligung mit einer summenmäßigen Mindesthöhe wird angeboten (Tab. 6.8.1, 6.8.2 und 6.8.3).

Tab. 6.8.1 Deckungssummen für die Versicherungsvermittlung

Anbieter (Risikoträger)	Höhe der niedrigst möglichen VS für Versicherungsvermittler nach VersVermV	Mindest-VS der Versicherungsvermittlung	Weitere wählbare VS für die Versicherungsvermittlung	Mögliche Maximierungen der VS für alle Versicherungsfälle eines Jahres	Ohne Selbstbehalt möglich	Mögliche Höhe des Selbstbehaltes
Allcura	Mind. in Höhe der Pflicht-VS: Seit 15.01.2013: 1,23 Mio. € je Versicherungsfall und 1,85 Mio. € für alle Versicherungsfälle eines Versicherungsjahres	Die meisten Maklerkonzepte haben von Haus aus bereits höhere DS als die Pflicht-VS vereinbart, sodass keine Anpassung erforderlich war. Die übrigen VN erhalten automatisch Angebot mit neuer Pflicht-VS	Ja, bis 10 Mio. €	Mind. zweifach, höhere Maximierung je nach Risikoeinschätzung möglich	Ja	Standard 1.000 €, abweichende Selbstbehalte z. B. Selbstbehalt 0 € können vereinbart werden

6.8 Deckungssummen

Tab. 6.8.1 Fortsetzung

Assist Assekuranz (AXA)	1,35 Mio. €, zweifach max. p.a., im Bereich der Zusatzbausteine (§ 34c GewO): 250.000 €, zweifach max. p.a., Mindest-VS für § 34d GewO und § 34f GewO ab 15.01.13: 1,23 Mio. € und max. 1,85 Mio. € für alle Versicherungsfälle eines Jahres	Ja	Auf Anfrage	zweifache Maximierung p.a.	Nein	Je Schadenfall 500 €/alternativ 2.500 € mit Prämiennachlass
ATS FinanzService (Allianz)	1,4 Mio. € je Versicherungsfall und 2,8 Mio. € für alle Versicherungsfälle eines Versicherungsjahres	Ja, kostenfrei	Ja, optional z. B. 2 Mio. €, 3 Mio. €, 5 Mio. € Jeweils zweifach p. a. und weitere Exzedenten auf Anfrage	Zweifach optional bis vierfache	Nein	10 % des Schadens mind. 50 €, max. 500 €
BCA (Allianz)	1,3 Mio. zweifach maximiert	Ja	Ja, 1,5 Mio. €, 2 Mio. €, 3 Mio. €	Zweifach	Nein	250 €, wenn über BCA vermittelt, sonst 500 €
Charta (Ergo)	1,5 Mio. je Fall, 3 Mio. p.a.	Nein	Ja, 2,5 Mio. €, 3,5 Mio. €, 5 Mio. €	Zweifache Maximierung	Ja	Immer ohne Selbstbehalt

Tab. 6.8.1 Fortsetzung

ConceptIF und Corporate Insurance (AXA und Liberty)	1,35 Mio. € je Versicherungsfall und 2 Mio. € für alle Versicherungsfälle eines Versicherungsjahres zuzüglich gesetzliche Anpassung	VS über Pflichtsumme und daher bis 2018 ausreichend	Ja, optional z. B. 2 Mio. €, 2,5 Mio. €, 3 Mio. €; höhere auf Anfrage	Beispiel: zwei- bzw. vierfache	Nein	AXA: 500 €, Liberty: wahlweise 500, 1.000 oder 2.000 €
Nordias/Barth, Assekuradeur: Domcura (Allcura)	1,5 Mio. € pro Schaden/3 Mio. € pro Jahr	Bereits jetzt hohe VS	Ja, bis 10 Mio. €	Zweifach, höhere möglich	Ja	Standard 500 €, 0 € Selbstbehalt ist möglich
Nordias/Barth, Assekuradeur: Domcura (R+V)	1,5 Mio. € pro Schaden, 3 Mio. € pro Jahr	Bereits jetzt hohe VS	Ja, bis 2 Mio. €	Zweifach	Ja, im Versicherungsbereich	0 € Versicherungsvermittlung/1.000 € fest im Bereich § 34f GewO/Erhöhung auf 2.500 € möglich (Nachlass)
Ergo	1,5 Mio. € je Versicherungsfall und 3 Mio. € für alle Versicherungsfälle eines Versicherungsjahres	Nein	2 Mio. €, 3 Mio. €, 4 Mio. €, 5 Mio. € etc.	Grundsätzlich zweifache Maximierung der VS	Ja	Grundsätzlich kein Selbstbehalt
Manager Assecuranz (Torus Insurance)	1,23 Mio. € je Versicherungsfall und 1,85 Mio. € für alle Versicherungsfälle eines Versicherungsjahres zuzüglich gesetzliche Anpassung	Ja	Ja, bis 5 Mio. €	Ja, bis 5 Mio. € p.a.	Nein	i. d. R ab 1000 €

6.8 Deckungssummen

6.8.1 Fortsetzung

			Zweifache Maximierung	Ohne Selbstbehalt
Nürnberger	1,5 Mio. € je Versicherungsfall und 3 Mio. € für alle Versicherungsfälle eines Versicherungsjahres	Ja	Ja	Ja
Ratzke & Ratzke (Allianz)	1,3 Mio. € je Versicherungsfall, zweifach maximiert	Ja, 1,5 Mio. €/2 Mio. €/3 Mio. € darüber individuell	Zwei-, drei- und vierfach	Nein	10 %, mind. 50 €, max. 500 €/1.000 €/2.500 €
Ratzke & Ratzke (Allcura)	1,3 Mio. € je Versicherungsfall, zweifach maximiert	Ja, 1,5 Mio. €/2 Mio. €/2,5 Mio. €/3 Mio. € darüber individuell	Zwei-, drei- und vierfach	Nein	Mind. 500 €, max. 2.500 €/1.000 €
Ratzke & Ratzke (AXA)	1,5 Mio. € je Versicherungsfall, zweifach maximiert	Ja, 2 Mio. € darüber individuell	Zwei-, drei- und vierfach	Nein	500 €/750 €/1.000 €/2.500 €
Ratzke & Ratzke (Liberty, Europe)	1,5 Mio. € je Versicherungsfall, zweifach maximiert	Ja, 2 Mio. €/2,5 Mio. € darüber individuell	Zwei-, drei- und vierfach	Nein	500 €/1.000 €/2.500 €
Ratzke & Ratzke (R+V)	1,3 Mio. € je Versicherungsfall, zweifach maximiert	Ja, 1,5 Mio. €/zwei darüber individuell	Zwei-, drei- und vierfach	Nein	500 €/1.000 €/2.500 € und 0 € Selbstbehalt (nur bei § 34d (§ 34c und f geht nicht ohne Selbstbehalt))
R+V	1,25 Mio. €, zweifach maximiert	1,5 Mio. €, 2 Mio. €, 2,5 Mio. €, 3 Mio. €	Zweifache Maximierung	Ja	1.000 € oder 2.500 €, *auch ohne Selbstbehalt ist möglich (* Anm. d. Red.)*
SdV Secure (HDI oder Allcura)	1,5 Mio. €	–	Zweifach	Nein	500 €, 1.250 €, 5.000 €
SdV Select (Allcura)	1,3 Mio. €	1,5 Mio. € und 2 Mio. €	Zweifach	Nein	500 €, 2.500 €, 5.000 €

6.8.1 Fortsetzung

SdV Comfort+ (Ergo)	1,5 Mio. €	Ja	2 Mio. €, 2,5 Mio. €, 3 Mio. €, 4 Mio. € und 5 Mio. €	Zweifach	Ja	0 €, alternativ 1.000 € (im Pflichtversicherungsbereich jedoch immer 0 € Selbstbehalt)
Swiss Life Partner (HDI)	1,5 Mio. €	Ja	2 Mio. € und 2,5 Mio. €	Zweifach	Nein	500 €, 2.500 €, 5.000 €

Alle Daten wurden Anfang 2013 bei von den VSH-Anbietern erfragt. Alle Antworten, bis auf die separat gekennzeichneten (* Anm. d. Red.), stammen von den Anbietern selbst – teils auch in gekürzter Form – und stellen nicht die Meinung des Autors oder Verlages dar. Die Tabelle erhebt keinen Anspruch auf Vollständigkeit und stellt auch keine Empfehlung dar. Der Verlag und der Autor können keine Haftung für die Richtigkeit der Daten übernehmen. © Redaktionsbüro Zwick

6.8 Deckungssummen

Tab. 6.8.2 Deckungssummen für Finanzanlagenvermittler nach § 34f GewO

Anbieter (Risikoträger)	Höhe der niedrigst möglichen VS für Finanzanlagenvermittler gem. § 34f GewO	Automatisch angepasste Mindest-VS gem. § 34f Abs. 1 GewO entsprechend der jeweils geltenden Regelung	Wählbare VS für die Vermittlung von Finanzanlagen gem. § 34f Abs. 1 Nr. 1 GewO/Nr. 2 GewO/Nr. 3 GewO
Allcura	Mind. in Höhe der Pflicht-VS: Seit 15.01.2013: 1,23 Mio. € je Versicherungsfall und 1,85 Mio. € für alle Versicherungsfälle eines Versicherungsjahres	Die meisten Maklerkonzepte haben von Haus aus bereits höhere DS als die Pflicht-VS vereinbart, so dass keine Anpassung erforderlich war. Die übrigen VN erhalten automatisch Angebot mit neuer Pflicht-VS	Ja, bis 10 Mio. €
Assist Assekuranz (AXA)	1,35 Mio. €, zweifach max. p. a.; im Bereich der Zusatzbausteine (§ 34c GewO): 250.000 €, zweifach max. p. a.; Mindest-VS für § 34d GewO und § 34f GewO ab 15.01.2013: 1,23 Mio. € und max. 1,85 Mio. € für alle Versicherungsfälle eines Jahres	Ja	1,35 Mio. €, zweifach max. p. a. eines Jahres, höhere DS auf Anfrage/§ 34f Abs. 1 Nr. 2 und Nr. 3 GewO höhere DS auf Anfrage
ATS FinanzService (Allianz)	1,4 Mio. € je Versicherungsfall und 2,8 Mio. € für alle Versicherungsfälle eines Versicherungsjahres	Ja, kostenfrei	Ja, optional z. B. 2 Mio. €, 3 Mio. €, 5 Mio. € Jeweils zweifach p.a. und weitere Exzedenten auf Anfrage, § 34f Abs. 1 Nr. 3 GewO, Nein
BCA (Allianz)	1,3 Mio. € zweifach maximiert	1,3 Mio. zweifach maximiert	Ja: 1,5 Mio. €, 2 Mio. €, 2,5 Mio. €, 3 Mio. €
Charta (Ergo)	1,5 Mio. € je Fall, 3 Mio. € p.a.	Nein	Ja: 2,5 Mio. €, 3,5 Mio. €, 5 Mio. €
ConceptIF und Corporate Insurance (Liberty)	Pflicht-VS ab 15.01.2013 1,23 Mio. €, max. auf 1,85 Mio. €	Nein	Nein: 1,35 Mio. €

Tab. 6.8.2 Fortsetzung

Nordias/Barth, Assekuradeur: Domcura (Allcura)	1,5 Mio. € pro Schaden/3 Mio. € pro Jahr	Bereits jetzt hohe VS	Ja bis 10 Mio. €
Nordias/Barth, Assekuradeur: Domcura (R+V)	1,5 Mio. € pro Schaden/3 Mio. € pro Jahr	Bereits jetzt hohe VS	Ja bis 2 Mio. €
Ergo	1,5 Mio. € je Versicherungsfall und 3 Mio. € für alle Versicherungsfälle eines Versicherungsjahres	Nein	Die Ergo-Mindest-VS beträgt 1,5 Mio. € für die Finanzanlagenvermittlung. Sie steht neben der Ergo-Mindest-VS für die Versicherungsvermittlung in gleicher Höhe separat zur Verfügung. Die Versicherungssumme für die Finanzanlagenvermittlung steht unabhängig vom Umfang der Gewerbeerlaubnis nach § 34f GewO zur Verfügung
Manager Assecuranz (Torus Insurance)	1,23 Mio. € je Versicherungsfall und 1,85 Mio. € für alle Versicherungsfälle eines Versicherungsjahres zuzüglich gesetzliche Anpassung	Ja	Ja, bis 5 Mio. €
Nürnberger	1,5 Mio. € je Versicherungsfall und 3 Mio. € für alle Versicherungsfälle eines Versicherungsjahres	Siehe vorstehender Abschnitt	Ja
Ratzke & Ratzke (Allianz)	1,3 Mio. € je Versicherungsfall, zweifach maximiert	Ja	Ja, 1,5 Mio. €/2 Mio. €/3 Mio. €
Ratzke & Ratzke (Allcura)	1,3 Mio. € je Versicherungsfall, zweifach maximiert	Ja	Ja, 1,5 Mio. €/ 2 Mio. €/2,5 Mio. €/3 Mio. €
Ratzke & Ratzke (AXA)	1,5 Mio. € je Versicherungsfall, zweifach maximiert	Ja	Ja, 2 Mio. €
Ratzke & Ratzke (Liberty, Europe)	1,5 Mio. € je Versicherungsfall, zweifach maximiert	Ja	Ja, 2Mio. €/2,5 Mio. €

6.8 Deckungssummen

Tab. 6.8.2 Fortsetzung

Ratzke & Ratzke (R+V)	1,3 Mio. € je Versicherungsfall, zweifach maximiert	Ja	Ja, 1,5 Mio. €/2 Mio. €
R+V	1,5 Mio. €	Ja	1,5 Mio. €
SdV Secure (HDI oder Allcura)	1.500.000 €, bietet in diesen Tarif keine VSH für § 34f Abs. 1 Nr. 2 und Nr. 3 GewO (* Anm. d. Red.)	Ja	–/bietet in diesen Tarif keine VSH für § 34f Abs. 1 Nr. 2 und Nr. 3 (* Anm. d. Red.)
SdV Select (Allcura)	1,3 Mio. €	Ja	–
SdV Comfort+ (Ergo)	1,5 Mio. €	Ja	2 Mio. €, 2,5 Mio. €. 3 Mio. €, 4 Mio. € und 5 Mio. €
Swiss Life Partner (HDI)	1,5 Mio. €/bietet in diesen Tarif keine VSH für § 34f Abs. 1 Nr. 3 GewO (* Anm. d. Red.)	Ja	–/bietet in diesen Tarif keine VSH für § 34f Abs. 1 Nr. 3 GewO (* Anm. d. Red.)

Alle Daten wurden Anfang 2013 bei von den VSH-Anbietern erfragt. Alle Antworten, bis auf die separat gekennzeichneten (* Anm. d. Red.), stammen von den Anbietern selbst – teils auch in gekürzter Form – und stellen nicht die Meinung des Autors oder Verlages dar. Die Tabelle erhebt keinen Anspruch auf Vollständigkeit und stellt auch keine Empfehlung dar. Der Verlag und der Autor können keine Haftung für die Richtigkeit der Daten übernehmen. © Redaktionsbüro Zwick

Tab. 6.8.3 Deckungssummen für sonstige Finanzdienstleistungen, die nicht in § 34d und f GewO geregelt sind

Anbieter (Risikoträger)	Wählbare VS für die Vermittlung sonstiger oben nicht aufgeführter Finanzdienstleistungen (die nicht in § 34d und f GewO geregelt sind)	Mögliche Maximierungen der Versicherungssumme für alle sonstige Finanzdienstleistungsfälle eines Jahres (die nicht in § 34d und f GewO geregelt sind)	Mögliche Höhe des Selbstbehaltes für Finanzdienstleistungen (Finanzanlagenvermittler nach § 34f GewO und sonstige Finanzdienstleister)
Allcura	Ja, bis 10 Mio. €	Zweifache Maximierung, höhere Maximierung je nach Risikoeinschätzung möglich	Standard 1.000 €, abweichende Selbstbehalte können vereinbart werden
Assist Assekuranz (AXA)	Ja	Zweifache Maximierung p.a.	Je Schadenfall 500 €/alternativ 2.500 € mit Prämiennachlass
ATS FinanzService (Allianz)	Ja, optional z. B. 250.000, 500.000, 750.000, 2 Mio. €, 3 Mio. €, 5 Mio. €. Jeweils zweifach p.a. und weitere Exzedenten auf Anfrage	Zweifach, optional bis vierfache	Finanzanlagenvermittler: 1.000 €, Darlehensvermittler 250 €, Immobilienmakler 250 €
BCA (Allianz)	Ja, 100.000 €, 250.000 €, 500.000 €, 1 Mio. €, 2 Mio. €	Zweifach	§ 34f Abs. 1 Nr. 1 GewO: 500 €, § 34f Abs. 1 Nr. 2 GewO: 500 €, § 34f Abs. 1 Nr. 3 GewO: 1.000 € sonstige Finanzdienstleistungen: 500 €
Charta (Ergo)	Ja, 1,5 Mio. €, 2,5 Mio. €, 3,5 Mio. €, 5 Mio. €	Zweifache Maximierung	Immer ohne Selbstbehalt
ConceptIF und Corporate Insurance (Liberty)	Ja, ab 250.000 €	Zwei-, max. vierfache	AXA: 500 €, Liberty: wahlweise 500, 1.000 oder 2.000 €
Nordias/Barth, Assekuradeur: Domcura (Allcura)	Bis 10 Mio. €	Zweifach, höhere möglich	Standard 500 €, *auch 0 Selbstbehalt möglich* (* Anm. d. Red.)
Nordias/Barth, Assekuradeur: Domcura (R+V)	Bis 2 Mio. €	Zweifach	1.000 € fest im Bereich § 34f GewO, Erhöhung auf 2.500 € möglich (Nachlass)

Tab. 6.8.3 Fortsetzung

	Kein Versicherungsschutz für die Vermittlung von Fondsprodukten außerhalb des § 34f GewO	Immer zweifache Maximierung	Grundsätzlich kein Selbstbehalt
Ergo	Ja, bis 5 Mio. €	Ja	i. d. R ab 1.000 €
Manager Assecuranz (Torus Insurance)	Nein	Zweifache Maximierung	Ohne Selbstbehalt
Nürnberger	100.000 € bis 3 Mio. € darüber individuell	Zwei-, drei- und vierfach	10%, mind. 50 €, max. 500 €/1.000 €/2.500 €
Ratzke & Ratzke (Allianz)	100.000 € bis 1,5 Mio. €, darüber individuell	Zwei-, drei- und vierfach	Mind. 500 €, max. 2.500/1.000 €
Ratzke & Ratzke (Allcura)	250.000 € bis 1,5 Mio. € darüber individuell	Zwei-, drei- und vierfach	500 €/750 €/1.000 €/2.500 €
Ratzke & Ratzke (AXA)	100.000 € bis 1 Mio. € darüber individuell	Zwei-, drei- und vierfach	500 €/1.000 €/2.500 €
Ratzke & Ratzke (Liberty, Europe)	500.000 € bis 1 Mio. € darüber individuell	zwei-, drei- und vierfach	500 €/1.000 €/2.500 €
Ratzke & Ratzke (R+V)	500.000 €	Zweifache Maximierung	1.000 € oder 2.500 €
R+V	250.000 €	Zweifach	500 €, 1.250 €, 5.000 €
SdV Secure (HDI oder Allcura)	500.000 €	Zweifach	500 €, 2.500 €, 5.000 €
SdV Select (Allcura)	1,5 Mio. € (entspricht immer der VS für § 34d GewO, steht aber separat zur Verfügung).	Zweifach	1.000 € (die Pflichtversicherungsbereiche bleiben aber immer ohne Selbstbehalt)
SdV Comfort+ (Ergo)	1.130.000 €	Zweifach	500 €, 2.500 €, 5.000 €
Swiss Life Partner (HDI)			

Alle Daten wurden Anfang 2013 bei von den VSH-Anbietern erfragt. Alle Antworten, bis auf die separat gekennzeichneten (* Anm. d. Red.), stammen von den Anbietern selbst – teils auch in gekürzter Form – und stellen nicht die Meinung des Autors oder Verlages dar. Die Tabelle erhebt keinen Anspruch auf Vollständigkeit und stellt auch keine Empfehlung dar. Der Verlag und der Autor können keine Haftung für die Richtigkeit der Daten übernehmen. © Redaktionsbüro Zwick

6.9 Rückwärtsversicherung und Konditionsdifferenzdeckung

Während gesetzlich für alle erlaubnispflichtigen Versicherungs- und Finanzanlagenvermittler sowie für Versicherungsberater eine unbegrenzte Nachhaftung vorgeschrieben ist, gibt es bezüglich der Rückwärtsversicherung keine derartige Regelung.

Wer jedoch bisher keine VSH-Deckung hatte, wäre ohne eine entsprechende Rückwärtsversicherung für alle in der Vergangenheit vorgekommenen Verstöße und Vorgänge, aus denen ein Geschädigter Ansprüche erheben könnte, selbst haftbar.

Das Gleiche gilt, wenn zwar eine Vorversicherung bestand, diese jedoch eine für die Tätigkeit und das Produktportfolio des Vermittlers unzureichende Deckung gewährte und der Schaden nicht durch den damalig vereinbarten Versicherungsumfang abgedeckt wäre. Abhilfe kann hier eine Konditionsdifferenzdeckung bieten.

6.9.1 Rückwärtsversicherung

Die Unterschiede der angebotenen Rückwärtsversicherungs- und Konditionsdifferenz-Deckungsmöglichkeiten im VSH-Schutz sind groß.

Zum einen gibt es Unterschiede, ob eine Rückwärtsversicherung und/oder eine Konditionsdifferenzdeckung überhaupt angeboten wird, und, wenn ja, ob diese automatisch in einem Tarif ohne Mehrpreis enthalten oder nur optional gegen Mehrprämie erhältlich ist. Dies hängt häufig davon ab, ob und bis wann eine Vorversicherung bestanden hat. Erhebliche Unterschiede gibt es bei der Dauer der gewährten Rückwärtsversicherung. Diese variieren je nach Anbieter und Voraussetzungen von einem Monat bis unbegrenzt.

Einige Anbieter verweisen bei der Frage, ob eine übergangsweise Rückwärtsversicherung bei einer unmittelbar vorher beendeten Vorversicherung besteht (Subsidiaritätsklausel), auf eine Rechtsprechung des OLG Stuttgart hin. Hier ging es um ein Urteil (OLG Stuttgart, Aktenzeichen: 7 U 89/08) bezüglich einer Berufshaftpflichtversicherung eines Architekten, in der eine fünfjährige Nachhaftungszeit vereinbart war. Der Berufshaftpflichtversicherer war also verpflichtet, auch nach Ende des VSH-Vertrages für alle Schäden, die auf einen Verstoß während der Vertragslaufzeit zurückzuführen sind, aufzukommen, wenn der VN erst nach Beendigung des Versicherungsvertrages Kenntnis erlangt und dies innerhalb von fünf Jahren nach Vertragsende dem Versicherer gemeldet hat. Doch selbst wenn der VN den Schaden erst nach der fünfjährigen Nachhaftungszeit meldet, muss der Schaden durch die bereits beendete Berufshaftpflichtversicherung gedeckt werden, wenn der VN nachweisen kann, dass er die Frist unverschuldet versäumt hat, so das Urteil des OLG Stuttgart. Wird der Schaden jedoch erst nach fünf Jahren oder später gemeldet, weil er erst da bekannt wurde, besteht keine Haftung durch die Berufshaftpflichtversicherung mehr, der VN müsste selbst dafür zahlen, da es sich bei der fünfjährigen Nachhaftung um eine Risikobegrenzung bzw. einen Risikoausschluss handelt.

6.9.2 Konditionsdifferenzdeckung

Bestand bereits eine VSH-Vorversicherung, die jedoch für den tatsächlichen Bedarf des VN unzureichende Deckung gewährte, kann es zu Absicherungslücken kommen. Der Versicherte haftet nämlich auch für die in der Vergangenheit (konkret für die Zeit, in der die Vorversicherung bestand) vorgekommenen Verstöße und Vorgänge, aus denen ein Geschädigter Ansprüche erheben könnte, selbst wenn der Vorversicherer (auch im Rahmen einer Nachhaftung) aufgrund des unzureichenden Versicherungsumfangs nicht leisten muss. Abhilfe kann hier eine Konditionsdifferenzdeckung bieten, die den Versicherungsumfang der Vorversicherung für den Zeitraum, in der die Vorversicherung bestand, auf den jetzt gültigen Versicherungsumfang „aufrüstet" bzw. „nachdeckt".

Es gibt zwei unterschiedliche Formen der Konditionsdifferenzdeckung: Die DIL-Konditionsdifferenzdeckung (Difference in Limits = DIL) bezieht sich auf die Deckungs- bzw. Versicherungssummen. Dabei werden die in der Vorversicherung geltenden Deckungs- bzw. Versicherungssummen durch die Konditionsdifferenzdeckung entsprechend dem neu vereinbarten VSH-Schutz angepasst und hinreichend erhöht, jedoch nur für Schäden, die dem Grunde nach auch die Vorversicherung zu begleichen hätte. Dies greift beispielsweise, wenn aufgrund der Nachhaftung ein Schaden noch von der Vorversicherung geregelt werden müsste, die Schadenhöhe jedoch die in der Vorversicherung vereinbarte Versicherungssumme übersteigt und daher der Versicherte einen Teil des Schadens übernehmen müsste. Mit einer DIL-Deckung übernimmt der aktuelle VSH-Versicherer den Schaden bis zur Höhe der aktuell vereinbarten Deckungs- bzw. Versicherungssumme.

Die DIC-Konditionsdifferenzdeckung (Difference in Conditions = DIC) ist umfassender als die DIL-Deckung. Sie passt nämlich den Versicherungsumfang der Vorversicherung nicht nur im Bereich der Versicherungssummen, sondern auch den kompletten Versicherungsumfang entsprechend dem neu vereinbarten VSH-Schutz an. Dies gilt also auch für die versicherten Risiken und Leistungsbestandteile wie Regressverzicht etc., die im Vorvertrag eventuell noch nicht im Versicherungsschutz enthalten waren. Allerdings gibt es nur wenige Anbieter, die eine solche Konditionsdifferenzdeckungen wenigstens optional anbieten (Tab. 6.9).

Tab. 6.9 Rückwärtsdeckung und Konditionsdifferenzdeckung

Anbieter (Risikoträger)	Rückwärtsversicherung besteht für max. x Monate bei vorhandener Vorversicherung	Rückwärtsversicherung besteht für max. x Monate ohne das eine Vorversicherung bestanden hat	Übergangsweise Rückwärtsversicherung besteht bei einer unmittelbar vorher beendeten Vorversicherung (Subsidiaritätsklausel) – Nachhaftung wird vom Vorvertrag übernommen	Eine Rückwärtsversicherung wird ohne Zeitbeschränkung gewährt, wenn alle Vorversicherungen lückenlos ineinander übergegangen sind	Eine Rückwärtsversicherung wird ohne Zeitbeschränkung gewährt, auch wenn bisherige Vorversicherungen nicht lückenlos ineinander übergegangen sind	Konditionsdifferenzdeckung – zur letzten bestehenden Vorversicherung wird gewährt/zu allen bestehenden Vorversicherungen wird gewährt
Allcura	Optional, Rückwärtsversicherung bis max. zehn Jahre zurück gegen Mehrprämie	Wird nicht pauschal angeboten, sondern im Einzelfall geprüft	Optional	Optional	Wird nicht pauschal angeboten, sondern im Einzelfall geprüft	Optional
Assist Assekuranz (AXA)	Echte Rückwärtsdeckung auf Anfrage (Einzelfallentscheidung); für Verstöße vor Vertragsbeginn besteht Versicherungsschutz bei Ablauf der Nachmeldefrist des Vorversicherers	Echte Rückwärtsdeckung auf Anfrage (Einzelfallentscheidung)	Für Verstöße vor Vertragsbeginn besteht Versicherungsschutz bei Ablauf der Nachmeldefrist des Vorversicherers	Für Verstöße vor Vertragsbeginn besteht Versicherungsschutz bei Ablauf der Nachmeldefrist des Vorversicherers; Lückenlosigkeit ist nicht Voraussetzung der Regelung		Ja, auf Anfrage (Einzelfallentscheidung)
ATS FinanzService (Allianz)	Alle Vorverträge in deren VS-Umfang	Nein	Ja, im Deckungskonzept enthalten	Ja, im jeweiligen Umfang	Nein	Optional (DIC/DIL gem. Angebot)
BCA (Allianz)	Theoretisch möglich, aber nicht notwendig	Ja, ein Monat bis unbegrenzt gegen jeweiligen Zuschlag	Ja, beitragsfrei	Ja, beitragsfrei	Optional	Nein

6.9 Rückwärtsversicherung und Konditionsdifferenzdeckung

Tab. 6.9 Fortsetzung

Charta (Ergo)	Ja, unbegrenzt	Ja, 60 Monate gegen einmaligen Zuschlag von 10 % auf die erste Jahresprämie	Nein	Ja, beitragsfrei	Nein	Optional/Nein
ConceptIF und Corporate Insurance (AXA und Liberty)	Nein	Ja, zwölf Monate gegen Zuschlag	Nein, es gilt aktuelle Rechtsprechung, Urteil OLG Stuttgart aus 2008	Nein, es gilt aktuelle Rechtsprechung, Urteil OLG Stuttgart aus 2008	Nein, es gilt aktuelle Rechtsprechung, Urteil OLG Stuttgart aus 2008	Nein
Nordias/Barth, Assekuradeur: Domcura (Allcura)	Optional, Rückwärtsversicherung bis max. zehn Jahre zurück gegen Mehrprämie	Nach Prüfung möglich	Optional	Optional	Nach Prüfung möglich	Optional
Nordias/Barth, Assekuradeur: Domcura (R+V)	Nein	Nach Prüfung möglich	Ja, beitragsfrei	Ja, auf Anfrage	Nach Prüfung möglich	Optional
Ergo	Nein	Nein	Nein	Ja	Nein	Nein
Manager Assecuranz (Torus Insurance)	Max. 60 Monate	Max. 48 Monate	Nein	Nein	Nein	Nein
Nürnberger	Es besteht Versicherungsschutz für Verstöße, die während der Laufzeit aller vorangehenden Versicherungsverträge vorgekommen sind, sofern jeweils lückenloser Versicherungsschutz bestanden hat		Ja	Ja	Nein	Nein

Tab. 6.9 Fortsetzung

Ratzke & Ratzke (Allianz)	Übernahme der Nachhaftung aus Vorverträgen (*Anm. d. Red. aus Antworten entnommen)	Rückwärtsdeckung (§ 34d GewO und § 34f GewO) kann für max. zehn Jahre erworben werden, wenn kein Vorvertrag bestanden hat (*Anm. d. Red. aus Antworten entnommen)	Übernahme der Nachhaftung aus Vorverträgen (*Anm. d. Red. aus Antworten entnommen)	Übernahme der Nachhaftung aus Vorverträgen (*Anm. d. Red. aus Antworten entnommen)	Nein	Nein
Ratzke & Ratzke (Allcura)	Übernahme der Nachhaftung aus Vorverträgen bis zu zehn Jahren (*Anm. d. Red. aus Antworten entnommen)	Rückwärtsdeckung (§ 34d GewO) kann erworben werden, wenn kein Vorvertrag bestanden hat (*Anm. d. Red. aus Antworten entnommen)	Übernahme der Nachhaftung aus Vorverträgen max. bis zu zehn Jahren (*Anm. d. Red. aus Antworten entnommen)	Übernahme der Nachhaftung aus Vorverträgen bis zu zehn Jahren (*Anm. d. Red. aus Antworten entnommen)	Nein	Nein
Ratzke & Ratzke (AXA)	Übernahme der Nachhaftung aus Vorverträgen (*Anm. d. Red. aus Antworten entnommen)	Rückwärtsdeckung (§ 34d GewO) kann erworben werden, wenn kein Vorvertrag bestanden hat (*Anm. d. Red. aus Antworten entnommen)	Übernahme der Nachhaftung aus Vorverträgen (*Anm. d. Red. aus Antworten entnommen)	Übernahme der Nachhaftung aus Vorverträgen (*Anm. d. Red. aus Antworten entnommen)	Nein	Nein

6.9 Rückwärtsversicherung und Konditionsdifferenzdeckung

Tab. 6.9 Fortsetzung

Ratzke & Ratzke (Liberty, Europe)	Übernahme der Nachhaftung aus Vorverträgen max. bis zu einer Million DS (*Anm. d. Red. aus Antworten entnommen*)	Rückwärtsdeckung (§ 34d GewO und § 34f GewO) kann für max. drei Jahre erworben werden, wenn kein Vorvertrag bestanden hat (*Anm. d. Red. aus Antworten entnommen*)	Übernahme der Nachhaftung aus Vorverträgen max. bis zu einer Million DS (*Anm. d. Red. aus Antworten entnommen*)	Übernahme der Nachhaftung aus Vorverträgen max. bis zu einer Million DS (*Anm. d. Red. aus Antworten entnommen*)	Nein
Ratzke & Ratzke (R+V)	Übernahme der Nachhaftung aus Vorverträgen (*Anm. d. Red. aus Antworten entnommen*)	Nein (*Anm. d. Red. aus Antworten entnommen*)	Übernahme der Nachhaftung aus Vorverträgen (*Anm. d. Red. aus Antworten entnommen*)	Übernahme der Nachhaftung aus Vorverträgen (*Anm. d. Red. aus Antworten entnommen*)	Nein
R+V	Nein	Nein	Ja, beitragsfrei	Ja, auf Anfrage	Nein
SdV Secure (HDI oder Allcura)	Nein	Nein	Ja	Ja	Bei Lücken in den letzten zehn Jahren vor Antragsstellung
SdV Select (Allcura)	Nein	Wahlweise 10, 20 oder 30 Jahre gegen Einmalprämie	Ja	Ja	Optional (Summendifferenz), wahlweise 10, 20 oder 30 Jahre

Tab. 6.9 Fortsetzung

SdV Comfort+ (Ergo)	Nein	Nein	Ja	Nein
Swiss Life Partner (HDI)	Nein	Nein	Ja	Bei Lücken in den letzten zehn Jahren vor Antragstellung	Nein

Alle Daten wurden Anfang 2013 bei von den VSH-Anbietern erfragt. Alle Antworten, bis auf die separat gekennzeichneten (* Anm. d. Red.), sind von den Anbietern selbst – teils auch in gekürzter Form – und stellen nicht die Meinung des Autors oder Verlages dar. Die Tabelle erhebt keinen Anspruch auf Vollständigkeit und stellt auch keine Empfehlung dar. Der Verlag und der Autor können keine Haftung für die Richtigkeit der Daten übernehmen.
© Redaktionsbüro Zwick

6.10 Nachhaftung

Nach § 34d, e und f GewO besteht eine uneingeschränkte Nachhaftungspflicht für die Berufshaftpflichtversicherung für entsprechend erlaubnispflichtige Tätigkeitsarten. Diese ist auch in allen VSH-Tarifen, die in der Marktübersicht beschrieben sind, enthalten.

Da für Finanzdienstleistungstätigkeiten, die nicht unter eine der genannten Tätigkeiten der GewO fallen, keine Berufshaftpflicht vorgeschrieben ist, besteht auch keine Vorgabe zur Nachhaftungsdauer. Bei solchen Tätigkeitsarten ist darauf zu achten, dass die Nachhaftungsdauer in einem VSH-Vertrag passend vereinbart wird. Denn je nach Vorwurf (also Fahrlässigkeit oder Vorsatz), aber auch je nach Tätigkeitsart sowie vermittelte Produktart, beispielsweise Fonds, Fondsbeteiligungen oder auch Bauherren- und Bauträgermodelle, kann die gesetzliche Verjährungsfrist für einen Anspruchsteller (möglichen Geschädigten) zwischen drei und 30 Jahren betragen. Aber auch der Zeitpunkt, zu dem eine Verjährungsfrist überhaupt beginnt, kann unterschiedlich sein. Das heißt, der Vermittler oder Finanzdienstleister muss eventuell noch lange Jahre (beispielsweise nach der Vermittlung einer Finanzanlage) dafür haften, wenn ihm bei der Vermittlung selbst ein Beratungsfehler unterlaufen ist.

Achtung: Es gibt Gründe, die (soweit dies in den Versicherungsbedingungen enthalten ist) eine vereinbarte Nachhaftungsdauer einschränken oder auch erweitern können, wie der Verkauf des Betriebes, eine altersbedingte Betriebsaufgabe oder eine Insolvenz (Tab. 6.10).

Tab. 6.10 Nachhaftung

Anbieter (Risikoträger)	Wie hoch ist die Nachhaftung für sonstige Finanzdienstleistungen, die nicht unter § 34d, e und f GewO fallen (eine unbegrenzte Nachhaftung)?	Die Frist für die Annahme von Schadenmeldungen nach Vertragsende für Ereignisse, die während der Versicherungsdauer eingetreten sind, beträgt x Jahre	Gibt es Gründe, bei der die Nachhaftungsdauer verkürzt ist bzw. wegfällt (z. B. Verkauf des Betriebes, altersbedingte Betriebsaufgabe, Vertriebsaufgabe wegen Insolvenz etc.)?
Allcura	Max. fünf Jahre	Sofern nicht die Pflichtversicherungen betroffen sind, max. fünf Jahre	Nein
Assist Assekuranz (AXA)	Fünf Jahre, im Rahmen der Bedingungen unter bestimmten Voraussetzungen bis zu acht Jahre	Soweit im Rahmen der Pflichtversicherungen keine unbegrenzte Nachmeldefrist gilt, fünf Jahre, unter bestimmten Voraussetzungen acht Jahre	Nein
ATS FinanzService (Allianz)	Fünf Jahre	Drei Jahre, bei Berufsaufgabe fünf Jahre	Ja, bei Insolvenz
BCA (Allianz)	Unbegrenzte Nachhaftung	Unbegrenzt	Nein
Charta (Ergo)	Unbegrenzte Nachhaftung	Unbegrenzt	Nein
ConceptIF und Corporate Insurance (AXA und Liberty)	Max. fünf Jahre	Nein, es gelten übliche Verjährungsfristen	Nein
Nordias/Barth, Assekuradeur: Domcura (Allcura)	Max. fünf Jahre	Pflichtversicherung: unbegrenzt, sonst: fünf Jahre	Nein
Nordias/Barth, Assekuradeur: Domcura (R+V)	Max. fünf Jahre	Pflichtversicherung: unbegrenzt, sonst: fünf Jahre	Nein
Ergo	Unbegrenzte Nachhaftung	Keine Frist (unbegrenzte Nachhaftung in allen Bereichen).	Nein
Manager Assecuranz (Torus Insurance)	Zehn Jahre	Unbegrenzt, Schäden sind aber nach Inanspruchnahme unverzüglich zu melden	Nein
Nürnberger	Unbegrenzte Nachhaftung	Fünf Jahre	Nein

6.10 Nachhaftung

Tab. 6.10 Fortsetzung

Ratzke & Ratzke (Allianz)	Unbegrenzte Nachhaftung	Entsprechend der Nachhaftungsfristen
Ratzke & Ratzke (Allcura)	Fünf Jahre	Entsprechend der Nachhaftungsfristen
Ratzke & Ratzke (AXA)	Fünf Jahre	Entsprechend der Nachhaftungsfristen
Ratzke & Ratzke (Liberty, Europe)	Drei Jahre	Entsprechend der Nachhaftungsfristen
Ratzke & Ratzke (R+V)	Fünf Jahre, Bei Ruhestand unbegrenzt	Entsprechend der Nachhaftungsfristen
R+V	Unbegrenzte Nachhaftung	Unbegrenzt
SdV Secure (HDI oder Allcura)	Fünf Jahre	Entsprechend der Nachhaftungsfristen (* *Anm. d. Red.*)
SdV Select (Allcura)	Fünf Jahre	Entsprechend der Nachhaftungsfristen (* *Anm. d. Red.*)
SdV Comfort+ (Ergo)	Unbegrenzte Nachhaftung	Entsprechend der Nachhaftungsfristen (* *Anm. d. Red.*)
Swiss Life Partner (HDI)	Fünf Jahre	Entsprechend der Nachhaftungsfristen (* *Anm. d. Red.*)

	Nein
	Nein
	Nein
	Nein
	Nein
	Nein
	Verlängert, nicht verkürzt: auf zehn Jahre bei Berufsaufgabe
	Nein
	Nein
	Verlängert, nicht verkürzt: auf zehn Jahre bei Berufsaufgabe

Alle Daten wurden Anfang 2013 bei von den VSH-Anbietern erfragt. Alle Antworten, bis auf die separat gekennzeichneten (* Anm. d. Red.), stammen von den Anbietern selbst – teils auch in gekürzter Form – und stellen nicht die Meinung des Autors oder Verlages dar. Die Tabelle erhebt keinen Anspruch auf Vollständigkeit und stellt auch keine Empfehlung dar. Der Verlag und der Autor können keine Haftung für die Richtigkeit der Daten übernehmen. © Redaktionsbüro Zwick

6.11 Allgemeine Obliegenheiten

Wie auch bei anderen Versicherungsverträgen muss der VN einer VSH-Versicherung diverse Obliegenheiten beachten, um den Leistungsanspruch gegenüber dem Versicherer nicht zu gefährden.

Prinzipiell müssen bei einer erlaubnispflichtigen Tätigkeit nach § 34c, d, e und f GewO die bereits gesetzlich geregelten Anforderungen (Berufspflichten) erfüllt werden. Konkret muss also ein Versicherungsvermittler nach § 34d GewO die ihm durch das VersVermV und das VVG auferlegten Informations-, Beratungs- und Dokumentationspflichten einhalten.

Auch für Finanzanlagenvermittler nach § 34f GewO gelten gesetzliche Berufspflichten. Sie unterliegen unter anderem nach §§ 12 bis 23 FinVermV, ähnlich wie Versicherungsvermittler, diversen Informations-, Beratungs- und Dokumentationspflichten. Sie müssen dem Kunden bzw. Anleger beispielsweise Informationen zur Art und zu den Risiken der ihm angebotenen Finanzanlagen zur Verfügung stellen.

Laut § 24 FinVermV muss ein Finanzanlagenvermittler außerdem jedes Jahr auf seine Kosten von einem geeigneten Prüfer kontrollieren lassen, ob er die Berufspflichten nach §§ 12 bis 23 FinVermV erfüllt. Der entsprechende Prüfungsbericht muss spätestens zum 31. Dezember des darauffolgenden Jahres der für die Erlaubniserteilung nach § 34f Abs. 1 GewO zuständigen Behörde übermittelt werden.

Als geeignete Prüfer werden laut § 24 FinVermV Wirtschaftsprüfer, vereidigte Buchprüfer, Wirtschaftsprüfungs- und Buchprüfungsgesellschaften sowie bestimmte Prüfungsverbände, aber auch andere Personen, „die öffentlich bestellt und zugelassen worden sind und die aufgrund ihrer Vorbildung und Erfahrung in der Lage sind, eine ordnungsgemäße Prüfung in dem jeweiligen Gewerbebetrieb durchzuführen" wie beispielsweise Steuerberater und Rechtsanwälte, anerkannt.

Darüber hinaus gibt es jedoch weitere Vorgaben, die ein VSH-Versicherer stellen kann, damit der VN seinen Versicherungsschutz nicht ganz oder teilweise gefährdet oder damit es keine Einschränkungen beispielsweise hinsichtlich der Selbstbeteiligung gibt.

Manche VSH-Anbieter verlangen beispielsweise ein sogenanntes IDW-S 4 Gutachten, damit ein uneingeschränkter Versicherungsschutz für die Fondsvermittlung besteht oder keine höhere als die vereinbarte Selbstbeteiligung im Schadenfall gilt. Verkaufsprospekte nach § 6 VermAnlG (Vermögensanlagengesetz), also Prospekte unter anderem von geschlossenen Fonds, müssen gemäß den Anforderungen der BaFin den Vorschriften der Verkaufsprospektverordnung entsprechen. Doch in einigen VSH-Versicherungsbedingungen wird zudem von den Finanzanlagenvermittlern, die solche Produkte anbieten und damit auch die Verkaufsprospekte verwenden, der Nachweis einer gesonderten Prospektprüfung (meist konkret ein IDW-S 4-Gutachten) gefordert, der die Vollständigkeit und Richtigkeit der Prospektangaben bestätigt.

IDW-S 4: Das Institut der Wirtschaftsprüfer e. V. (IDW) hat Standards zur Prospektprüfung von Verkaufsprospekten über öffentlich angebotene Vermögensanlagen geschaffen, die sogenannten IDW-S 4. Nach diesen Standards prüfen Wirtschaftsprüfer im Gegensatz zur BaFin, die nur nach formalen Kriterien kontrolliert, auch die inhaltliche Richtigkeit und Plausibilität des Verkaufsprospektes (Tab. 6.11).

6.11 Allgemeine Obliegenheiten

Tab. 6.11 Vertragliche Obliegenheiten

Anbieter (Risikoträger)	Gibt es eine vertragliche Obliegenheit hinsichtlich der Dokumentationspflicht bei der Versicherungsvermittlung, die über die gesetzliche Regelung hinausgeht?	Gibt es eine vertragliche Obliegenheit hinsichtlich der Dokumentationspflicht bei der Fondsvermittlung, die über die gesetzliche Regelung hinausgeht?	Gibt es eine vertragliche Obliegenheit hinsichtlich Finanzdienstleistungen gem. § 34f GewO, die über die gesetzliche Regelung hinausgeht?	Gibt es eine vertragliche Obliegenheit hinsichtlich sonstiger Finanzdienstleistungen, die nicht in § 34f GewO geregelt sind, die über die gesetzliche Regelung hinausgeht?
Allcura	Nein	Nein	Nein	Nein
Assist Assekuranz (AXA)	Nein – Protokoll ist dem VR im Schadenfall vorzulegen	Nein	Nein Protokoll ist dem VR im Schadenfall vorzulegen	Nein
ATS FinanzService (Allianz)	Nein	Ja, bei Schaden; Vorlage IDW S 4 Gutachten	Ja, bei Schaden; Vorlage IDW S 4 Gutachten	Ja, bei Schaden; Vorlage IDW S 4 Gutachten
BCA (Allianz)	Nein	Nein	Nein	Nein
Charta (Ergo)	Nein	Nein	Nein	Nein
ConceptIF und Corporate Insurance (AXA und Liberty)	Nein	Nein	Nein	Nein
Nordias/Barth, Assekuradeur: Domcura (Allcura)	Nein	Nein	Nein	Nein
Nordias/Barth, Assekuradeur: Domcura (R+V)	Nein	Nein	Nein	Nein
Ergo	Nein	Nein	Nein	Nein
Manager Assecuranz (Torus Insurance)	Nein	Ja, (b. 2. best. Risikohinweisen)	Ja (b. 2. best. Risikohinweisen)	Ja (b. 2. best. Risikohinweisen)
Nürnberger	Nein	Nein	Nein	Nein

Tab. 6.11 Fortsetzung

Ratzke & Ratzke (Allianz)	Nein	Nein	Da diese gesetzlich nicht geregelt sind, gibt es keine Vorgaben. Es empfiehlt sich, immer zu dokumentieren
Ratzke & Ratzke (Allcura)	Nein	Nein	Nein
Ratzke & Ratzke (AXA)	Nein	Nein	Nein
Ratzke & Ratzke (Liberty, Europe)	Nein	Nein	Nein
Ratzke & Ratzke (R+V)	Nein	Nein	Nein
R+V	Nein	Siehe § 34f GewO	Ja und zwar Aufbewahrungsfrist des Beratungsprotokolls
SdV Secure (HDI oder Allcura)	Nein	Nein	Nein
SdV Select (Allcura)	Nein	Nein	Nein
SdV Comfort+ (Ergo)	Nein	Nein	Nein
Swiss Life Partner (HDI)	Nein	Nein	Nein

Alle Daten wurden Anfang 2013 bei von den VSH-Anbietern erfragt. Alle Antworten, bis auf die separat gekennzeichneten (* Anm. d. Red.), sind von den Anbietern selbst – teils auch in gekürzter Form – und stellen nicht die Meinung des Autors oder Verlages dar. Die Tabelle erhebt keinen Anspruch auf Vollständigkeit und stellt auch keine Empfehlung dar. Der Verlag und der Autor können keine Haftung für die Richtigkeit der Daten übernehmen.
© Redaktionsbüro Zwick

6.12 Sonstige Leistungsbestandteile

Sowohl in § 9 Abs. 5 VersVermV als auch in § 9 Abs. 5 FinVermV steht bezüglich des Umfangs einer rechtlich vorgeschriebenen Berufshaftpflichtversicherung: „Von der Versicherung kann die Haftung für Ersatzansprüche wegen wissentlicher Pflichtverletzung ausgeschlossen werden. Weitere Ausschlüsse sind nur insoweit zulässig, als sie marktüblich sind und dem Zweck der Berufshaftpflichtversicherung nicht zuwiderlaufen."

Und es gibt tatsächlich diverse Ausschlüsse, die möglich und auch in dem einen oder anderen VSH-Tarif verankert sind.

Die angebotenen VSH-Tarife unterscheiden sich also nicht nur hinsichtlich der versicherten Tätigkeitsarten, der Produkte, die im Rahmen der versicherten Tätigkeitsart durch den Versicherungsschutz abgedeckt sind und der Versicherungssummen. Unterschiede gibt es auch, bei möglichen Risiken, die zwar im Zusammenhang mit der Tätigkeit stehen, aber von Gesetzes wegen nicht unbedingt von der Berufshaftpflichtversicherung abgedeckt werden müssen, wie Schäden aufgrund wissentlicher Pflichtverletzung.

Zudem gibt es Tätigkeitsarten, für die keine Berufshaftpflichtversicherung vorgeschrieben wird und folglich auch keine rechtlichen Anforderungen bezüglich des VSH-Versicherungsumfangs bestehen.

Bei den angebotenen VSH-Tarifen gibt es insbesondere Unterschiede bezüglich

- der Regressregelungen,
- der Mitversicherung von Personen

oder

- der Mitversicherung bestimmter Verhaltensweisen der versicherten Personen (wie grobe Fahrlässigkeit oder wissentliche Pflichtverletzung)

sowie

- die Mitversicherung von Schäden, die durch die Verwendung von Internet, Software oder sonstige EDV-Bestandteile mit verursacht wurden.

Des Weiteren gibt es unterschiedliche Regelungen je Tarif

- bezüglich der Meldung eines Schadenfalls

aber auch

- bezüglich künftiger, teils rechtlich vorgeschriebenen Anpassungen.

6.12.1 Regressregelungen

Es gibt unter anderem diverse Anbieter, die generell auf einen Regress gegen angestellte oder auch freie Mitarbeiter des VN verzichten. Auch wenn der Versicherer beispielsweise nicht bei Vorsatz des Mitarbeiters verzichtet, kann es immer noch sein, dass ein Regressverzicht bei grober Fahrlässigkeit des Mitarbeiters vereinbart ist.

Grundsätzlich kann jedoch auch der Vermittler selbst von seinem Produktgeber (zum Beispiel Versicherer oder Finanzproduktanbieter) in Regress genommen werden, wenn er diesen durch sein Verhalten schädigt. Derartige Schadenersatzansprüche könnte ein Produktgeber bzw. Versicherer gegenüber einem Versicherungsvertreter beispielsweise aufgrund einer Verletzung eines Agenturvertrages geltend machen, wenn keine entsprechende Haftungsfreistellungs- und Regressverzichtserklärung besteht.

Christian Henseler, Vorstandsmitglied der Schutzvereinigung deutscher Vermittler von Versicherungen und anderen Finanzdienstleistungen e. V. (SdV) erklärt: „Das kann zum Beispiel die versehentliche Überschreitung des Budgets von Kulanzzahlungen sein. Hier entsteht aufgrund der Handlung des Vermittlers nicht dem Endkunden ein Schaden, sondern einzig dem Versicherer." (Tab. 6.12.1)

6.12 Sonstige Leistungsbestandteile

Tab. 6.12.1 Regressregelungen

Anbieter (Risikoträger)	Es wird kein Regress an Mitarbeiter gestellt, die grobfahrlässig gehandelt haben	Es besteht ein Regressverzicht gegenüber freien oder angestellten Mitarbeitern	Es besteht Deckungsschutz für einen Regress von Versicherungsunternehmen gegen den VN (Versicherungsvermittler)	Es besteht Deckungsschutz für einen Regress von Finanzproduktanbietern gegen den VN (Finanzanlagenvermittler, auch außerhalb 34f GewO) bei Schädigung des Produktanbieters
Allcura	Regress erst bei Vorsatz oder wissentlicher Pflichtverletzung	Regress nur bei Vorsatz oder wissentlicher Pflichtverletzung	Ja, wenn der Regressanspruch auf eine eigene Beratungspflichtverletzung gestützt wird	Wir bieten modulare Versicherungskonzepte je nach Tätigkeit des VN an, in deren Rahmen gesetzliche Haftpflichtansprüche wegen einer Pflichtverletzung bedingungsgemäß mitversichert werden können. Nicht versicherbar sind jedoch Erfüllungs- und Leistungsansprüche oder Ansprüche, die auf einer wissentlichen Pflichtverletzung beruhen
Assist Assekuranz (AXA)	Ja	Nein	Nur wenn es sich um Regressansprüche Dritter handelt	Nein
ATS FinanzService (Allianz)	Optional, nur wenn Baustein Regressdeckung abgeschlossen ist	Optional, nur wenn Baustein Regressdeckung abgeschlossen ist	Optional, nur wenn Baustein Regressdeckung abgeschlossen ist	Nein
BCA (Allianz)	Ja	Ja	Nein	Nein
Charta (Ergo)	Ja, zielt aber auf „wissentliche Pflichtverletzung" ab	Ja, Regressverzicht sowohl gegenüber freien als auch angestellten Mitarbeiter	Ja	Nein

Tab. 6.12.1 Fortsetzung

ConceptIF und Corporate Insurance (AXA und Liberty)	Ja	Ja	Nein	Nein
Nordias/Barth, Assekuradeur: Domcura (Allcura)	Bei Vorsatz oder wissentlicher Pflichtverletzung ist Regress möglich	Bei Vorsatz oder wissentlicher Pflichtverletzung ist Vorsatz möglich	Wenn ein Beratungsfehler zugrunde liegt	Wenn ein Beratungsfehler zugrunde liegt
Nordias/Barth, Assekuradeur: Domcura (R+V)	Bei Vorsatz oder wissentlicher Pflichtverletzung ist Regress möglich	Bei Vorsatz oder wissentlicher Pflichtverletzung ist Regress möglich	Wenn ein Beratungsfehler zugrunde liegt	Wenn ein Beratungsfehler zugrunde liegt
Ergo	Ja	Ja, soweit diese keine wissentliche Pflichtverletzung begangen haben	Ja, soweit es sich um Regressansprüche wegen Schädigungen Dritter handelt, die das Versicherungsunternehmen aufgrund eines fehlerhaften Verhaltens des VN ausgleichen musste	Nein
Manager Assecuranz (Torus Insurance)	Ja	Gegenüber angestellten Mitarbeitern	Optional	Optional
Nürnberger	Ja	Ja, Rückgriff nur bei wissentlicher Pflichtverletzung	Ja	Ja, Ausnahme: Es besteht eine agenturvertragliche Beziehung
Ratzke & Ratzke (Allianz)	Ja	Angestellt: Ja, sofern nicht vorsätzlich, freie Mitarbeiter: Nein	Ja	Ja
Ratzke & Ratzke (Allcura)	Ja	Angestellt: Ja, sofern nicht vorsätzlich, freie Mitarbeiter: Nein	Ja	Ja

6.12 Sonstige Leistungsbestandteile

Tab. 6.12.1 Fortsetzung

Ratzke & Ratzke (AXA)	Ja	Angestellt Ja, sofern nicht vorsätzlich/freie Mitarbeiter Nein	Ja
Ratzke & Ratzke (Liberty, Europe)	Ja	Angestellt: ja, sofern nicht vorsätzlich/freie Mitarbeiter Nein	Ja
Ratzke & Ratzke (R+V)	Ja	Angestellt: Ja, sofern nicht vorsätzlich, freie Mitarbeiter: Nein	Ja
R+V	Ja	Ja	Ja, soweit es sich um Regressansprüche wegen Schädigung Dritter handelt
SdV Secure (HDI oder Allcura)	Ja	Nein	Ja, soweit es sich um Regressansprüche wegen Schädigung Dritter handelt
SdV Select (Allcura)	Ja	Nein	Ja, soweit es sich um Regressansprüche wegen Schädigung Dritter handelt
SdV Comfort+ (Ergo)	Ja	Nein	Ja, soweit es sich um Regressansprüche wegen Schädigung Dritter handelt
Swiss Life Partner (HDI)	Ja	Nein	Ja, soweit es sich um Regressansprüche wegen Schädigung Dritter handelt

Ratzke & Ratzke (AXA)	Ja
Ratzke & Ratzke (Liberty, Europe)	Ja
Ratzke & Ratzke (R+V)	Ja
R+V	Nein
SdV Secure (HDI oder Allcura)	Nein
SdV Select (Allcura)	Nein
SdV Comfort+ (Ergo)	Nein
Swiss Life Partner (HDI)	Nein

Alle Daten wurden Anfang 2013 bei von den VSH-Anbietern erfragt. Alle Antworten, bis auf die separat gekennzeichneten (* Anm. d. Red.), sind von den Anbietern selbst – teils auch in gekürzter Form – und stellen nicht die Meinung des Autors oder Verlages dar. Die Tabelle erhebt keinen Anspruch auf Vollständigkeit und stellt auch keine Empfehlung dar. Der Verlag und der Autor können keine Haftung für die Richtigkeit der Daten übernehmen.
© Redaktionsbüro Zwick

6.12.2 Mitversicherung von Personen und Tätigkeiten

Wenn nichts anderes vereinbart wurde, ist die Tätigkeit des VN für einen Auftraggeber, mit dem der VN durch ein Gesellschaftsverhältnis oder in einer Personalunion steht, nicht automatisch in einem VSH-Vertrag enthalten.

Auch die persönliche gesetzliche Haftpflicht eines Tippgebers, beispielsweise weil er beim Besuch eines möglichen Interessenten versehentlich etwas beschädigt, ist nicht automatisch in der VSH-Police mitversichert. Es handelt sich dabei nämlich um ein Risiko, das in der Regel Personen- und Sachschäden und weniger Vermögensschäden betrifft, und wäre eigentlich durch eine Betriebshaftpflichtversicherung abzusichern.

In manchen Tarifen ist der Versicherungsschutz für die direkte Inanspruchnahme des VN bzw. der versicherten Person als gesetzlicher Vertreter einer juristischen Person, also beispielsweise des geschäftsführenden Gesellschafter als gesetzlicher Vertreter der GmbH, ausgeschlossen.

In einigen Tarifen sind außerdem Ansprüche, die Angehörigen, die nicht mit dem VN/der VP in häuslicher Gemeinschaft leben, gegen den VN/die VP erheben, ebenfalls vom Versicherungsschutz ausgeschlossen (Tab. 6.12.2).

6.12 Sonstige Leistungsbestandteile

Tab. 6.12.2 Mitversicherung von Personen und Tätigkeiten

Anbieter (Risikoträger)	Mitversichert ist die Tätigkeit für Auftraggeber, mit denen der VN durch Personalunion, Gesellschaftsverhältnis oder Kapitalbeteiligung verbunden ist	Mitversichert ist die persönliche gesetzliche Haftpflicht des Tippgebers	Die direkte Inanspruchnahme des VN bzw. der versicherten Person als gesetzlicher Vertreter einer juristischen Person sind mitversichert	Versichert sind Haftpflichtansprüche von Angehörigen, die nicht mit dem VN/VP in häuslicher Gemeinschaft leben
Allcura	Nein	Optional	Optional	Optional
Assist Assekuranz (AXA)	Nein	Keine Notwendigkeit	Ja	Nein
ATS FinanzService (Allianz)	Optional, kann zusätzlich eingedeckt werden	Ja	Ja	Ja, wenn BHV/Internet-Deckung eingeschlossen ist (mind. drei jahre Laufzeit)
BCA (Allianz)	Nein	Ja	Ja	Ja
Charta (Ergo)	Ja, im Umfange der Pflichtversicherung	Ja	Ja	Ja
ConceptIF und Corporate Insurance (AXA und Liberty)	Nein	Nein	Ja	Ja
Nordias/Barth, Assekuradeur: Domcura (Allcura)	Nein	Nein	Optional	Nein
Nordias/Barth, Assekuradeur: Domcura (R+V)	Nein	Auf Anfrage	Optional	Nein
Ergo	Ja, jedoch nicht außerhalb der Pflichtversicherungsbereiche	Ja	Ja	Ja, sogar Ansprüche von Angehörigen, die mit dem VN in häuslicher Gemeinschaft leben, sind versichert
Manager Assecuranz (Torus Insurance)	Nein	Optional	D&O separat versicherbar	Nein
Nürnberger	Nein	Nein	Nein	Ja

Tab. 6.12.2 Fortsetzung

Ratzke & Ratzke (Allianz)	Ja, jedoch nicht für Innenschäden	Ja	Ja
Ratzke & Ratzke (Allcura)	Ja, jedoch nicht für Innenschäden	Ja	Ja
Ratzke & Ratzke (AXA)	Ja, jedoch nicht für Innenschäden	Ja	Ja
Ratzke & Ratzke (Liberty, Europe)	Ja, jedoch nicht für Innenschäden	Ja	Ja
Ratzke & Ratzke (R+V)	Ja, jedoch nicht für Innenschäden	Ja	Ja
R+V	Nein	Ja	Ja, mit Ausnahme im Bereich der Finanzanlagenvermittlung sowie KWG-Tätigkeiten
SdV Secure (HDI oder Allcura)	Nein	Ja	Ja
SdV Select (Allcura)	Nein	Nein	Ja
SdV Comfort+ (Ergo)	Nein	Ja	Ja
Swiss Life Partner (HDI)	Nein	Ja	Ja

Alle Daten wurden Anfang 2013 bei von den VSH-Anbietern erfragt. Alle Antworten, bis auf die separat gekennzeichneten (* Anm. d. Red.), stammen von den Anbietern selbst – teils auch in gekürzter Form – und stellen nicht die Meinung des Autors oder Verlages dar. Die Tabelle erhebt keinen Anspruch auf Vollständigkeit und stellt auch keine Empfehlung dar. Der Verlag und der Autor können keine Haftung für die Richtigkeit der Daten übernehmen. © Redaktionsbüro Zwick

6.12.3 Mitversicherung von bestimmten Verhaltensweisen und Gegebenheiten

Wie bereits genannt, ist in § 9 Abs. 5 VersVermV und in § 9 Abs. 5 FinVermV bezüglich der Anforderungen der Berufshaftpflichtversicherung geregelt, dass die Haftung für Ersatzansprüche wegen wissentlicher Pflichtverletzung ausgeschlossen werden kann.

Auch andere Verhaltensweisen und Gegebenheiten können vom Versicherungsschutz ausgeschlossen sein, außer dies widerspräche den Anforderungen einer gesetzlich vorgeschriebenen Berufshaftpflichtversicherung.

Entsprechende Risiken, die zwar die Ursache für Schäden sein können, aber rechtlich nicht unbedingt in einer VSH-Police abgedeckt sein müssen, sind beispielsweise eine

- Schweigepflichtverletzung von Mitarbeitern,
- dem Kunden in Aussicht gestellte, aber nicht eingetroffene Renditen und Gewinnerwartungen

aber auch

- eine Insolvenz eines Produktanbieters (Tab. 6.12.3).

Tab. 6.12.3 Mitversicherung von bestimmten Verhaltensweisen und Gegebenheiten

Anbieter (Risikoträger)	Mitversichert ist der Abwehrschutz bei Vorwurf wissentlicher Pflichtverletzung	Sind Ansprüche mitversichert, die dadurch entstanden sind, dass dem Kunden in Aussicht gestellte Renditen, Gewinnerwartungen und Entwicklungen nicht eingetroffen sind oder diesbezüglich versehentlich falsche Angaben gemacht wurden?	Mitversichert ist die Schweigepflichtverletzung von Mitarbeitern, Angehörigen und ausgeschiedenen Mitarbeitern	Die Folgen einer Zahlungsunfähigkeit eines Produktanbieters (Bank, Fondgesellschaft etc.) sind mitversichert	Die Folgen einer Zahlungsunfähigkeit des Versicherungsunternehmens sind mitversichert
Allcura	Optional	Grundsätzlich nicht versichert, nur wenn ein eigener Beratungsfehler des VN vorliegt z. B. bei versehentlicher Empfehlung einer für den Kunden ungeeigneten Anlageart	Nein	Nur wenn eine eigene Beratungspflichtverletzung des Vermittlers vorliegt z. B. Empfehlung einer ungeeigneten Anlageart	Nur wenn eine eigene Beratungspflichtverletzung des Vermittlers vorliegt
Assist Assekuranz (AXA)	Ja	Nein	Nein	Nein	Nein
ATS FinanzService (Allianz)	Ja	Nein, jedoch Versicherungsschutz bei versehentlicher Empfehlung einer für den Kunden ungeeigneten Anlageart	Nein	Nein	Nein
BCA (Allianz)	Ja	Nein	Nein	Nein	Nein

Tab. 6.12.3 Fortsetzung

Charta (Ergo)	Ja	Ja, Abwehrschutz; darüber hinaus vollwertiger Versicherungsschutz für die versehentliche Empfehlung einer für den Kunden ungeeigneten Anlageart	Ja	Ja	Ja
ConceptIF und Corporate Insurance (AXA und Liberty)	Ja	Ja, wenn Beratungsfehler versehentlich begangen wurde	Nein	Nein	Nein
Nordias/Barth, Assekuradeur: Domcura (Allcura)	Ja	Ja, wenn der VN selbst Beratungsfehler begeht	Nein	Wenn ein Beratungsfehler zugrunde liegt	Wenn darin ein Beratungsfehler gesehen werden kann
Nordias/Barth, Assekuradeur: Domcura (R+V)	Ja	Ja, wenn der VN selbst Beratungsfehler begeht	Optional über eigenes Produkt	Wenn ein Beratungsfehler zugrunde liegt	Wenn darin ein Beratungsfehler gesehen werden kann
Ergo	Ja	Nein, aber Versicherungsschutz bei versehentlicher Empfehlung einer für den Kunden ungeeigneten/unangemessenen Anlageart	Ja	Ja, soweit es sich um Haftpflichtansprüche von geschädigten Kunden des VN handelt	Ja
Manager Assecuranz (Torus Insurance)	Ja, aber Vorsatzausschluss	Kein Performanceausschluss; Garantien aber nicht mitversichert	Kein Ausschluss	Ja, wenn Haftpflicht	Ja, wenn Haftpflicht
Nürnberger	Ja	Nein	Ja, wenn der VN für diese Personen einzutreten hat	Nein	Nein

Tab. 6.12.3 Fortsetzung

Ratzke & Ratzke (Allianz)	Ja	Nein, allerdings sind Ansprüche mitversichert, die dadurch entstanden sind, dass dem Kunden ungeeignete Anlagen empfohlen bzw. vermittelt wurden	Ja	Ja
Ratzke & Ratzke (Allcura)	Nein	Nein, allerdings sind Ansprüche mitversichert, die dadurch entstanden sind, dass dem Kunden ungeeignete Anlagen empfohlen bzw. vermittelt wurden	Ja	Ja
Ratzke & Ratzke (AXA)	Ja	Nein, allerdings sind Ansprüche mitversichert, die dadurch entstanden sind, dass dem Kunden ungeeignete Anlagen empfohlen bzw. vermittelt wurden	Ja	Ja
Ratzke & Ratzke (Liberty, Europe)	Ja	Nein, allerdings sind Ansprüche mitversichert, die dadurch entstanden sind, dass dem Kunden ungeeignete Anlagen empfohlen bzw. vermittelt wurden	Ja	Ja

Tab. 6.12.3 Fortsetzung

Ratzke & Ratzke (R+V)	Ja	Nein, allerdings sind Ansprüche mitversichert, die dadurch entstanden sind, dass dem Kunden ungeeignete Anlagen empfohlen bzw. vermittelt wurden	Ja	Ja
R+V	Ja (auf Anfrage)	Nein, die versehentliche Empfehlung einer ungeeigneten Anlageart ist jedoch stets vom Versicherungsschutz umfasst	Optional über eigenständiges Produkt	Ja
SdV Secure (HDI oder Allcura)	Ja	Nein, aber die versehentliche Empfehlung einer für den Kunden ungeeigneten Anlageart ist versichert	Nein	Nein
SdV Select (Allcura)	Ja	Nein, aber die versehentliche Empfehlung einer für den Kunden ungeeigneten Anlageart ist versichert	Nein	Ja
SdV Comfort+ (Ergo)	Ja	Nein, aber die versehentliche Empfehlung einer für den Kunden ungeeigneten Anlageart ist versichert	Ja	Nein

Tab. 6.12.3 Fortsetzung

Swiss Life Partner (HDI)	Ja	Nein, aber die versehentliche Empfehlung einer für den Kunden ungeeigneten Anlageart ist versichert	Nein	Nein	Nein

Alle Daten wurden Anfang 2013 bei von den VSH-Anbietern erfragt. Alle Antworten, bis auf die separat gekennzeichneten (* Anm. d. Red.), stammen von den Anbietern selbst – teils auch in gekürzter Form – und stellen nicht die Meinung des Autors oder Verlages dar. Die Tabelle erhebt keinen Anspruch auf Vollständigkeit und stellt auch keine Empfehlung dar. Der Verlag und der Autor können keine Haftung für die Richtigkeit der Daten übernehmen. © Redaktionsbüro Zwick

6.12.4 Schäden durch Software und EDV

Auch durch die Verwendung von Software und EDV entstehen Risiken, die Schäden verursachen können. Diese können zum Teil in einer gesetzlich vorgeschriebenen VSH-Police abgedeckt sein, zum Beispiel Beratungsfehler wegen versehentlicher Falscheingaben oder durch die Benutzung eines veralteten Tarifberechnungsprogramms. Anders bei den Tätigkeitsarten, die keine gesetzlich vorgeschriebene VSH-Abdeckung benötigen, hier können solche Schäden auch bei einer VSH-Police ausgeschlossen sein.

Ebenfalls nicht automatisch mitversichert (und zwar egal, ob es sich um eine Tätigkeit handelt für die eine Berufshaftpflichtpolice vorgeschrieben ist oder nicht) sind Haftungsprobleme, die sich aus einem Onlinevertrieb ergeben, beispielsweise weil Kundendaten durch einen Hackerangriff in falsche Hände gekommen sind.

Zudem gibt es Schäden, wie der Verlust von Kundendaten durch den Ausfall der EDV, die nicht unbedingt zu den reinen Vermögensschäden zählen und die auch über eine andere Versicherung (zum Beispiel Betriebshaftpflichtversicherung) abdeckbar wären.

Auch Schäden, für die eventuell der Softwarehersteller regresspflichtig wäre, wie beispielsweise ein Beratungsfehler infolge eines fehlerhaften Tarifvergleichsrechner, sind denkbar. Damit die genannten Schäden in einem VSH-Vertrag mitversichert sind, ist teils ein entsprechender Hinweis in den Versicherungsbedingungen oder auch eine entsprechende Vertragsvereinbarung notwendig (Tab. 6.12.4).

Tab. 6.12.4 Schäden durch Software und EDV

Anbieter (Risikoträger)	Mitversichert ist der Onlinevertrieb (Abschluss über Internet)	Es besteht Deckungsschutz für Fehler, die durch eine fehlerhafte Software entstehen	Schäden, die durch den Verlust oder die Beschädigung von Computeraufzeichnungen, entstanden sind, sind mitversichert	Schäden, die durch den Verlust oder die Beschädigung von Kundenakten, Kundendokumenten oder von EDV-Datenträgern des Kunden, entstanden sind, sind mitversichert
Allcura	Optional	Kommt auf die konkrete Fallkonstellation an	Ja, sofern dies auf einer Pflichtverletzung des VN beruht	Ja, sofern dies auf einer Pflichtverletzung des VN beruht
Assist Assekuranz (AXA)	Ja	Ja, nur soweit den VN ein Verschulden trifft	Nein	Nein
ATS FinanzService (Allianz)	Ja, bei vereinbarter dreijähriger Laufzeit inkl. BHV/Internet	Ja, bei vereinbarter dreijähriger Laufzeit inkl. BHV/Internet	Ja, wenn BHV/Internet-Deckung eingeschlossen ist (mind. drei Jahre Laufzeit)	Ja, wenn BHV/Internet-Deckung eingeschlossen ist (mind. drei Jahre Laufzeit)
BCA (Allianz)	Ja	Ja	Nein	Nein
Charta (Ergo)	Ja	Ja	Ja	Ja
ConceptIF und Corporate Insurance (AXA und Liberty)	Ja	Ja	Ja	Ja
Nordias/Barth, Assekuradeur: Domcura (Allcura)	Kommt auf die Ausgestaltung an	Ja	Ja, wenn Pflichtverletzung des VN	Ja, wenn Pflichtverletzung des VN
Nordias/Barth, Assekuradeur: Domcura (R+V)	Kommt auf die Ausgestaltung an	Ja, wenn Beratungsfehler	Ja, wenn Pflichtverletzung des VN	Ja, wenn Pflichtverletzung des VN
Ergo	Ja	Ja	Ja	Ja
Manager Assecuranz (Torus Insurance)	Ja	Ja	Ja, wenn Vermögensschäden	Ja, wenn Vermögensschäden

6.12 Sonstige Leistungsbestandteile

Tab. 6.12.4 Fortsetzung

Nürnberger	Ja	Ja	Nein, Ausnahme: Beschädigung und Verlust im Zusammenhang mit dem Einsatz von Internet	Ja
Ratzke & Ratzke (Allianz)		Ja	Über BHV möglich	Über BHV möglich
Ratzke & Ratzke (Allcura)		Ja	Über BHV möglich	Über BHV möglich
Ratzke & Ratzke (AXA)		Ja	Über BHV möglich	Über BHV möglich
Ratzke & Ratzke (Liberty, Europe)		Ja	Über BHV möglich	Über BHV möglich
Ratzke & Ratzke (R+V)		Ja	Über BHV möglich	Über BHV möglich
R+V		Ja	Ja	Ja
SdV Secure (HDI oder Allcura)		Ja	Nein	Ja, zu 100 %
SdV Select (Allcura)		Ja	Nein	Ja, zu 100 %
SdV Comfort+ (Ergo)		Ja	Nein	Ja, zu 100 %
Swiss Life Partner (HDI)		Ja	Nein	Ja, zu 100 %

Alle Daten wurden Anfang 2013 bei von den VSH-Anbietern erfragt. Alle Antworten, bis auf die separat gekennzeichneten (* Anm. d. Red.), stammen von den Anbietern selbst – teils auch in gekürzter Form – und stellen nicht die Meinung des Autors oder Verlages dar. Die Tabelle erhebt keinen Anspruch auf Vollständigkeit und stellt auch keine Empfehlung dar. Der Verlag und der Autor können keine Haftung für die Richtigkeit der Daten übernehmen. © Redaktionsbüro Zwick

6.12.5 Allgemeine Regelungen im Schadenfall

Ist ein Schaden eingetreten, gibt es neben der Nachhaftungsfrist (siehe 6.10) weitere Regelungen, die gelten können. Beispielsweise reicht es einigen Anbietern, dass die schriftliche Schadenanzeige erst nach einer schriftlichen Inanspruchnahme des vermeintlich Geschädigten (Anspruchsteller) gestellt wird. Bei anderen wiederum ist die schriftliche Schadenanzeige bereits ab Kenntnis, also wenn der Anspruchsteller beispielsweise telefonisch den VN/die VP beschuldigt, ihn geschädigt zu haben, erforderlich.

Zudem gibt es VSH-Tarife, in denen die Aufwendungen zur Schadenabwehr, also zum Beispiel mögliche Rechtsanwaltskosten, auf die Versicherungssumme (Deckungssumme) angerechnet werden. Dies kann dazu führen, dass die vereinbarte Versicherungssumme schneller erreicht wird und somit der VN für die mögliche Überschreitung der Deckungssumme selbst haften muss als bei VSH-Tarifen, bei denen darauf verzichtet wird.

Manche VSH-Tarife sehen eine Gebühreneinrede vor. Dabei wird die Provision oder das Honorar, welches ein Vermittler für ein getätigtes Geschäft, also beispielsweise für eine vermittelte Versicherungspolice, erhalten hat, von der Schadensleistung abgezogen, wenn das getätigte Geschäft (also zum Beispiel die Police) in ursächlichem Zusammenhang mit dem Schaden steht.

Es gibt VSH-Tarife, die eine teils auch rückwirkende Prämienanpassung im Schadenfall vorsehen. Alle Anbieter, die an der Marktübersicht teilgenommen haben, erklärten, dass es zumindest eine rückwirkende Prämienanpassung in den vorgestellten Tarifen nicht gibt.

Auch bei der Kündigungsfrist, wann ein VSH-Vertrag nach einer Kündigung im Schadenfall durch den Versicherer aufgehoben wird, gibt es Unterschiede. Während einige Tarife an der gesetzlich festgelegten Frist von einem Monat festhalten, erweitern andere diese beispielsweise um drei Monate. Der Versicherungsvermittler, -berater, Finanzanlagenvermittler und/oder Finanzdienstleister hat durch die verlängerte Frist zumindest etwas mehr Zeit, sich nach einer schadenbedingten Kündigung der VSH-Police durch den Versicherer um einen adäquaten Anschlussversicherungsschutz zu kümmern (Tab. 6.12.5).

6.12 Sonstige Leistungsbestandteile

Tab. 6.12.5 Allgemeine Regelungen im Schadenfall

Anbieter (Risikoträger)	Schadenanzeige ist erst bei schriftlicher Inanspruchnahme erforderlich	Aufwendungen für die Schadenabwehr werden auf die Deckungssumme nicht angerechnet	Die für das schadenträchtige Geschäft erhaltene Provision wird nicht angerechnet (kein Abzug der erlangten Provision im Schadenfall, keine Gebührenreineinrede)	Es wird auf eine rückwirkende Prämienanpassung nach einem Schadenfall verzichtet	Die schadenfallbedingte Kündigungsfrist ist länger als gesetzlich vorgeschrieben und beträgt x Monate
Allcura	Nein, bereits ab Kenntnis ist der Schaden anzuzeigen	Ja	Kein Gebühren- und Honorareinwurf	In unseren Konzepten ist regelmäßig kein Schadenfreiheitsrabatt oder Verlaufsnachlass enthalten, so dass sich für uns die Frage nicht stellt	Nein
Assist Assekuranz (AXA)	Ja	Ja	Ja	Ja	Nein
ATS FinanzService (Allianz)	Ja	Nein	Ja	Ja	Nein
BCA (Allianz)	Nein	Nein	Ja	Ja	Ja, drei Monate
Charta (Ergo)	Ja	Ja	Ja	Ja	Ja, drei Monate
ConceptIF und Corporate Insurance (AXA und Liberty)	Ja	Ja	Ja	Ja	Ja, drei Monate zum Ablauf
Nordias/Barth, Assekuradeur: Domcura (Allcura)	Nein, ab Kenntnis	Ja	Kein Gebühren- und Honorareinwurf	Schadenfreiheitsrabatt nur bei § 34f GewO solo	Nein

Tab. 6.12.5 Fortsetzung

Nordias/Barth, Assekuradeur: Domcura (R+V)	Nein, ab Kenntnis	Ja	Kein Gebühren- und Honorareinwurf	Ja	Auf Anfrage
Ergo	Ja	Ja	Ja	Ja	Ja, drei Monate.
Manager Assecuranz (Torus Insurance)	Nein	Nein	i. d. R Nein	Automatische Erhöhung sieht die Police nicht vor	Nein
Nürnberger	Ja	Ja	Ja	Ja	Drei Monate (bezieht sich auf Versicherungsmakler)
Ratzke & Ratzke (Allianz)	Ja	Anrechnung bei Inanspruchnahme vor ausländischen Gerichten	Keine Gebühreneinrede	Keine rückwirkende Anpassung	Drei Monate
Ratzke & Ratzke (Allcura)	Ja	Anrechnung bei Inanspruchnahme vor ausländischen Gerichten	Keine Gebühreneinrede	Keine rückwirkende Anpassung	Drei Monate
Ratzke & Ratzke (AXA)	Ja	Keine Anrechnung	Keine Gebühreneinrede	Keine rückwirkende Anpassung	Drei Monate
Ratzke & Ratzke (Liberty, Europe)	Ja	keine Anrechnung	keine Gebühreneinrede	Keine rückwirkende Anpassung	Drei Monate
Ratzke & Ratzke (R+V)	Ja	Keine Anrechnung innerhalb Staaten der EU, EWR und Schweiz; bei Finanzanlagenvermittler Einschränkung auf Staaten der EU und EWR	Keine Gebühreneinrede	Keine rückwirkende Anpassung	Drei Monate
R+V	Nein	Ja	Ja	Ja	Ja, auf Anfrage

Tab. 6.12.5 Fortsetzung

SdV Secure (HDI oder Allcura)	Ja	Nur bei Inanspruchnahme vor ausländischen Gerichten	Ja, keine Gebühreneinrede	Ja	Drei Monate
SdV Select (Allcura)	Nein	Nur bei Inanspruchnahme vor ausländischen Gerichten	Ja, keine Gebühreneinrede	Ja	Drei Monate
SdV Comfort+ (Ergo)	Ja	Ja, keine Anrechnung	Ja, keine Gebühreneinrede	Ja	Drei Monate
Swiss Life Partner (HDI)	Ja	Nur bei Inanspruchnahme vor ausländischen Gerichten	Ja, keine Gebühreneinrede	Ja	Drei Monate

Alle Daten wurden Anfang 2013 bei von den VSH-Anbietern erfragt. Alle Antworten, bis auf die separat gekennzeichneten (* Anm. d. Red.), stammen von den Anbietern selbst – teils auch in gekürzter Form – und stellen nicht die Meinung des Autors oder Verlages dar. Die Tabelle erhebt keinen Anspruch auf Vollständigkeit und stellt auch keine Empfehlung dar. Der Verlag und der Autor können keine Haftung für die Richtigkeit der Daten übernehmen. © Redaktionsbüro Zwick

6.12.6 Automatische, künftige Anpassungen

Wie bereits die Vergangenheit zeigt, gibt es immer wieder Gesetzesänderungen, die eine entsprechend notwendige Anpassung eines bestehenden Vertrages zur Folge haben. Aber auch aus marktpolitischen Überlegungen oder aufgrund wirtschaftlicher Veränderungen passen Versicherer ihre Versicherungsbedingungen immer wieder an.

Für den VN eines VSH-Vertrages ist es in der Regel am einfachsten, wenn sich der bestehende Vertrag an künftige Deckungsanpassungen, die aufgrund rechtlicher Veränderungen notwendig geworden sind, automatisch anpassen würde.

Auch bei den künftigen Bedingungsanpassungen, die zugunsten des VN geändert werden, wäre eine automatische Anpassung bestehender Verträge prinzipiell wünschenswert. Wie die nachfolgende Marktübersicht zeigt, gibt es einige VSH-Tarife, die auch beide Kriterien zum Vorteil des VN erfüllen (Tab. 6.12.6).

6.12 Sonstige Leistungsbestandteile

Tab. 6.12.6 Automatische, künftige Anpassungen

Anbieter (Risikoträger)	Künftige Deckungsanpassungen, die zur Umsetzung neuer Regelungen bei der EU-Vermittlerrichtlinie notwendig sind, gelten für den bestehenden Vertrag	Künftige Bedingungsanpassungen zum Vorteil des VN gelten automatisch für den bestehenden Vertrag
Allcura	Ja	Optional
Assist Assekuranz (AXA)	Ja	Ja
ATS FinanzService (Allianz)	Ja	Ja
BCA (Allianz)	Ja	Ja, beitragsfrei
Charta (Ergo)	Nein	Nein
ConceptIF und Corporate Insurance (AXA und Liberty)	Ja, aber nicht automatisch	Ja
Nordias/Barth, Assekuradeur: Domcura (Allcura)	Ja	Würde per Sideletter oder Globalerklärung geregelt
Nordias/Barth, Assekuradeur: Domcura (R+V)	Ja	Nein
Ergo	Keine Automatik	Keine Automatik
Manager Assecuranz (Torus Insurance)	Nein	Nein
Nürnberger	Ja	Nein
Ratzke & Ratzke (Allianz)	Ja	Ja
Ratzke & Ratzke (Allcura)	Ja	Ja
Ratzke & Ratzke (AXA)	Ja	Ja
Ratzke & Ratzke (Liberty, Europe)	Ja	Ja
Ratzke & Ratzke (R+V)	Ja	Ja
R+V	Ja	Ja, sofern gesetzlich notwendig

Tab. 6.12.6 Fortsetzung

SdV Secure (HDI oder Allcura)	Ja
SdV Select (Allcura)	Ja
SdV Comfort+ (Ergo)	Ja
Swiss Life Partner (HDI)	Ja

Alle Daten wurden Anfang 2013 bei von den VSH-Anbietern erfragt. Alle Antworten, bis auf die separat gekennzeichneten (* Anm. d. Red.), stammen von den Anbietern selbst – teils auch in gekürzter Form – und stellen nicht die Meinung des Autors oder Verlages dar. Die Tabelle erhebt keinen Anspruch auf Vollständigkeit und stellt auch keine Empfehlung dar. Der Verlag und der Autor können keine Haftung für die Richtigkeit der Daten übernehmen. © Redaktionsbüro Zwick

6.13 Mögliche Vertragserweiterungen

Wer bereits einen VSH-Vertrag hat und diesen nicht zeitnah kündigen kann, jedoch weiß, dass im bestehenden Vertrag beispielsweise durch die Ausübung einer neuen Tätigkeitsart mittlerweile Absicherungslücken vorhanden sind, kann diese durch eine Exzedentenversicherung schließen.

Sehr viele VSH-Anbieter, die an der Marktübersicht teilgenommen haben, offerieren einen entsprechenden Versicherungsschutz.

Vereinzelt werden auch VSH-Tarife, die gleichzeitig das Betriebshaftpflichtrisiko für den Betrieb mit abdecken, angeboten.

Weitere interessante Versicherungsarten, wie eine D&O-Versicherung oder eine Strafrechtsschutz-Versicherung für alle Geschäftsführer, gibt es von manchen Anbietern als optionalen Zusatzbaustein. Optional werden von der ATS FinanzService beispielsweise beide zuletzt genannten Versicherungsarten und von der Manager Assecuranz und der SdV bezüglich des Secure-Tarifes eine Strafrechtsschutz-Versicherung angeboten (Tab. 6.13).

Tab. 6.13 Mögliche Vertragserweiterungen

Anbieter (Risikoträger)	Exzedentenversicherung zu anderer Police möglich	Beitragsfreie Betriebshaftpflichtversicherung besteht	Beitragsfreie D&O für alle Geschäftsführer besteht	Beitragsfreie Strafrechtsschutz-Versicherung für alle Geschäftsführer besteht
Allcura	Ja	Optional	Nein	Nein
Assist Assekuranz (AXA)	Ja	Nein	Nein	Nein
ATS FinanzService (Allianz)	Ja	Ja, bei dreijähriger Laufzeit	Optional, Zusatzbaustein	Optional, Zusatzbaustein
BCA (Allianz)	Nein	Nein	Nein	Nein
Charta (Ergo)	Nein	Nein	Nein	Nein
ConceptIF und Corporate Insurance (AXA und Liberty)	Ja	Nein	Nein	Nein
Nordias/Barth, Assekuradeur: Domcura (Allcura)	Ja	Nein	Nein	Nein
Nordias/Barth, Assekuradeur: Domcura (R+V)	Ja	Nein	Nein	Nein
Ergo	Ja	Nein	Nein	Nein
Manager Assecuranz (Torus Insurance)	Ja	Nein	Nein	Optional gegen Zuschlag möglich
Nürnberger	Ja	Nein	Nein	Nein
Ratzke & Ratzke (Allianz)	Ja	Nein	Nein	Nein
Ratzke & Ratzke (Allcura)	Ja	Nein	Nein	Nein
Ratzke & Ratzke (AXA)	Ja	Nein	Nein	Nein
Ratzke & Ratzke (Liberty, Europe)	Ja	Nein	Nein	Nein
Ratzke & Ratzke (R+V)	Ja	Nein	Nein	Nein
R+V	Ja	Nein	Nein	Nein

6.13 Mögliche Vertragserweiterungen

Tab. 6.13 Fortsetzung

SdV Secure (Allcura)	Ja, im Rahmen der Rückwärtsdeckung (Summenexzedent), Summen- und Konditionsdifferenzdeckung möglich bis zur Hauptfälligkeit des ablaufenden Vorvertrages	Nein	Optional über Sonderkonzept für 69 € brutto, ohne Selbstbehalt mit einer Mio. Euro DS
SdV Select (Allcura)	Ja, im Rahmen der Rückwärtsdeckung (Summenexzedent), Summen- und Konditionsdifferenzdeckung möglich bis zur Hauptfälligkeit des ablaufenden Vorvertrages	Nein	Optional über Sonderkonzept für 69 € brutto, ohne Selbstbehalt mit einer Mio. Euro DS
SdV Comfort+ (Ergo)	Nein	Nein	Optional über Sonderkonzept für 69 € brutto, ohne Selbstbehalt mit einer Mio. Euro DS
Swiss Life Partner (HDI)	Nein	Ja	Nein

Alle Daten wurden Anfang 2013 bei von den VSH-Anbietern erfragt. Alle Antworten, bis auf die separat gekennzeichneten (* Anm. d. Red.), stammen von den Anbietern selbst – teils auch in gekürzter Form – und stellen nicht die Meinung des Autors oder Verlages dar. Die Tabelle erhebt keinen Anspruch auf Vollständigkeit und stellt auch keine Empfehlung dar. Der Verlag und der Autor können keine Haftung für die Richtigkeit der Daten übernehmen. © Redaktionsbüro Zwick

6.14 Prämienrelevante Kriterien

Je nach Anbieter müssen in einigen Fällen bestimmte Voraussetzungen wie die Mitgliedschaft in einem Verband erfüllt sein, um überhaupt den von diesem Anbieter offerierten VSH-Tarif abschließen zu können.

Zudem gibt es je nach VSH-Tarif unterschiedliche Kriterien, nach denen sich die Prämie berechnet. Zum einen orientiert sich die Prämie an den ausgeübten Tätigkeitsart(en), wie zum Beispiel Tätigkeiten nach § 34c, d, e und/oder f (Abs. 1 Satz 1, 2 oder 3), sowie sonstige Finanzdienstleistungen, zum Beispiel nach § 32 KGW.

Des Weiteren berechnen diverse VSH-Anbieter die Prämie anhand folgender Merkmale:

- Umsatz- und/oder Honorarhöhe insgesamt pro Jahr,
- Umsatzhöhe je ausgeübte Tätigkeit pro Jahr,
- Anzahl der Geschäftsführer sowie der angestellten und/oder freien Mitarbeiter,

oder auch

- anhand der Anzahl der Geschäftsführer, angestellten und/oder freien Mitarbeiter sowie am Umsatz pro Jahr.

Die meisten Anbieter zählen als Umsatz die Provisions-, Courtage- und Honorareinnahmen vor Steuern, nicht jedoch den Gewinn, die Einlagen oder die Anlagesummen.

Je nachdem, welche Tarifmerkmale berücksichtigt werden, kann es für einen weniger umsatzstarken Vermittler beispielsweise günstiger sein, einen Tarif auszuwählen, der sich nach der Umsatzhöhe und nicht nach der Mitarbeiteranzahl richtet. Vorausgesetzt natürlich, dass der Versicherungsumfang in beiden Tarifen dem entspricht, was der Vermittler tatsächlich an VSH-Schutz benötigt.

Bei einigen VSH-Tarifen sind Prämienvergünstigungen möglich, wenn bestimmte Voraussetzungen, wie ein günstiger Schadenverlauf oder bestimmte nachzuweisende Qualifikationen, erfüllt werden.

Interessant ist, dass zwar bei den meisten, jedoch nicht bei allen die Hauptfälligkeit des Vertrages frei wählbar ist. Übrigens: Bis auf zwei Anbieter, die bei der Marktübersicht teilgenommen haben, gibt es bei allen anderen keine Provision für einen Makler oder Vermittler, wenn er für sich selbst einen VSH-Tarif abgeschlossen hat (Tab. 6.14).

6.14 Prämienrelevante Kriterien

Tab. 6.14 Prämienrelevante Kriterien

Anbieter (Risikoträger)	Ist ein Vertragsabschluss abhängig von der Mitgliedschaft eines Verbandes, einer Firma oder einer Organisation? Wenn Ja: Entfällt der Rabatt, wenn die Mitgliedschaft nicht mehr besteht?	Welche Kriterien werden jährlich zur Ermittlung der Prämienhöhe abgefragt (z. B. Mitarbeiteranzahl/Umsatz/sonstiges)?	Gibt es Prämienvergünstigung bei günstigem Schadenverlauf? Wenn Ja: mit rückwirkender Beitragsanpassung?	Es gibt Rabatte bei Qualifikationsnachweis (z. B. ISO-zertifizierte Betriebe)	Weitere Kriterien, die einen Rabatt ermöglichen (wenn Ja: welche und wie hoch ist der Rabatt?)	Die Hauptfälligkeit des Vertrages kann frei gewählt werden	Der Makler/Vermittler erhält Provisionen für seinen eigenen Vertragsabschluss
Allcura	Nein	Anzahl Geschäftsführer, Mitarbeiter und Umsatz	Nein	Einzelfallprüfung	Umsatznachlässe, Doppelbändernachlass, z. B. Versicherungsvermittler und gleichzeitig Finanzanlagenvermittler	Ja	Es kommt darauf an

Tab. 6.14 Fortsetzung

| Assist Assekuranz (AXA) | Dieses Konzept ist frei von einer Mitgliedschaft eines Verbandes bzw. Pools. Wir bieten eine Vermögensschaden-Haftpflichtversicherung für den Versicherungs-, Finanzdienstleistungs- und Anlagevermittler mit unterschiedlichen Risikoträgern und besonderen Prämien sowie Bedingungen z. B. für Partner der INVERS GmbH, Partner der FondsForum GmbH, Partner der FondsKonzept Gruppe, Partner der FinanzNet Holding AG (VSH24) | Umsatztarif und Tätigkeitsspektrum | Nein | Nein | Entfällt | Ja | Nein |

6.14 Prämienrelevante Kriterien

Tab. 6.14 Fortsetzung

ATS FinanzService (Allianz)	Nein	Mitarbeiteranzahl	Nein	Nein, allerdings bei Maklerpools und Vertriebsgruppe: Sonderkonzepte und Spezial-Tarife (gem. in Deckung gegebene Vermittleranzahl) VersVerm: § 84 HGB ab 250 € netto p.a., § 93 HGB ab 350 € netto p.a. FAV – S 1: § 84 HGB ab 200 € netto p.a., § 93 HGB ab 250 € netto p.a.; FAV – S 1 + 2: § 84 HGB ab 470 € netto p.a.	Umsatz unter 20.000 € p.a. >> 50 % Rabatt, Umsatz unter 10.000 € p.a. >> 80 % Rabatt	Ja	Nein
BCA (Allianz)	BCA Mitgliedschaft, Ja	Keine	Alle drei Jahre 50 % auf den Beitrag im ersten Versicherungsjahr eines Drei-Jahresvertrags/Nein	Nein	BCA Full-Service-Partner werden und 25 % der Prämie sparen	Ja	Nein

Tab. 6.14 Fortsetzung

Charta (Ergo)	Ja, nur für Partner der Charta; Umstellung auf Normalkonditionen der Ergo	Mitarbeiteranzahl	Ja, Vorausrabatt von 10 % bis SQ 60 %, Nein	Ja, 20 % für ISO-zertifizierte Betriebe	Je 10 % Rabatt bei: – Abwahl Tätigkeit als Immobilienmakler, Hausverwalter; – Abwahl Tätigkeit als Financial Planner, Vermittlung von Bankprodukten, Edelmetallen und Containern; dreijährige Laufzeit	Ja	Nein
ConceptIF und Corporate Insurance (AXA und Liberty)	Nein	Mitarbeiterzahl und Umsatz	Nein	Nein	Nein	Nein	Nein
Nordias/Barth, Assekuradeur: Domcura (Allcura)	Nein	Anzahl Geschäftsführer, Mitarbeiter und ggf. Umsatz (z. B. bei Immobilienmaklerdeckung, Unternehmensberater etc.)	Nein	Nein	Kombinachlässe z. B. Versicherungsvermittler und gleichzeitig Finanzanlagenvermittler oder Finanzierungsvermittler, Umsatznachlässe	Ja	Nein
Nordias/Barth, Assekuradeur: Domcura (R+V)	Nein	Umsatz/Honorareinnahmen	Nein	Nein	Höhere Selbstbehalt, QM, Vorschadenfreiheit	Ja	Nein

Tab. 6.14 Fortsetzung

Ergo	Nein	Nein	Anzahl der Inhaber und Mitarbeiter	Nein	10 %-Nachlass bei einer Vertragslaufzeit von drei Jahren	Ja	Nein
Manager Assecuranz (Torus Insurance)	Nein (aber teilweise Sonderkonditionen)	Provisionsumsatz	Optional/Nein	Ja (nach Qualifikation der Mitarbeiter)	Nein	Ja	Nein
Nürnberger	Nein	Mitarbeiterzahl, Provisionsumsatz	Nein	Nein	10 %iger Dauernachlass bei dreijähriger Vertragslaufzeit	Ja	Nein
Ratzke & Ratzke (Allianz)	Nein	Mitarbeiteranzahl/Umsatz	Nein	Nein	k. A.	Ja	Nein
Ratzke & Ratzke (Allcura)	Nein	Mitarbeiteranzahl/Umsatz	Nein	Nein	k. A.	Ja	Nein
Ratzke & Ratzke (AXA)	Nein	Mitarbeiteranzahl/Umsatz	Nein	Nein	k. A.	Ja	Nein
Ratzke & Ratzke (Liberty, Europe)	Nein	Mitarbeiteranzahl/Umsatz	Nein	Nein	k. A.	Ja	Nein
Ratzke & Ratzke (R+V)	Nein	Mitarbeiteranzahl/Umsatz	Nein	Nein	k. A.	Ja	Nein

Tab. 6.14 Fortsetzung

R+V	Nein	Umsatz- bzw. Honorareinnahmen	Nein	Ja, siehe nebenstehende Antwort	Kundengesamtrentabilität, besonderes Qualitätsmanagement, Vorschaden-Freiheit, Bündelrabatte	Ja
SdV Secure (HDI oder Allcura)	Ja, SdV/Nein	Umsatzaufteilung	Nein	Nein	5 % bei Dreijahresvertrag und bei höherer Selbstbeteiligung	Ja
SdV Select (Allcura)	Ja, SdV/Nein	Umsatzaufteilung, Anzahl der Mitarbeiter	Nein	Nein	5 % bei Dreijahresvertrag und bei höherer Selbstbeteiligung	Nein
SdV Comfort+ (Ergo)	Ja, SdV/Nein	Anzahl der Mitarbeiter, Frage nach sonstigen Änderungen	Nein	Nein	10 % bei 1.000 € Selbstbehalt für sonstige Finanzdienstleistungen, 10 % bei Nichtausübung von Financial Planning, 10 % bei 3-Jahresvertrag	Ja
Swiss Life Partner (HDI)	Nein	Umsatzaufteilung	Nein	Nein	Bei höherer Selbstbeteiligung	Nein

Alle Daten wurden Anfang 2013 bei von den VSH-Anbietern erfragt. Alle Antworten, bis auf die separat gekennzeichneten (* Anm. d. Red.), stammen von den Anbietern selbst – teils auch in gekürzter Form – und stellen nicht die Meinung des Autors oder Verlages dar. Die Tabelle erhebt keinen Anspruch auf Vollständigkeit und stellt auch keine Empfehlung dar. Der Verlag und der Autor können keine Haftung für die Richtigkeit der Daten übernehmen. © Redaktionsbüro Zwick

6.15 Prämienbeispiele

Die nachfolgend genannten Beispiele sind rein zur Orientierung, denn die Prämien können sich je nach Prämienkriterium des Anbieters für die gleiche Firmenkonstellation (wie im jeweiligen Prämienbeispiel beschrieben) erheblich unterscheiden.

Bei umsatzrelevanten Prämien hängt die Prämienhöhe (wie bereits genannt) oftmals auch vom jeweiligen Umsatz(anteil) der ausgeübten Tätigkeit ab.

Es kann also sein, dass es bei zwei Firmen, die zwar die gleichen Tätigkeitsarten, wie zum Beispiel eine Versicherungsvermittlung nach § 34d Abs. 1 Satz 1 GewO und eine Finanzanlagenvermittlung nach § 34f Abs. 1 Nr. 1 GewO ausüben und insgesamt den gleichen Umsatz haben, innerhalb eines VSH-Tarifes Prämienunterscheide gibt.

Es ist durchaus möglich, dass ein Versicherungs- und Finanzanlagenvermittler, der beispielsweise in seiner Tätigkeit als Versicherungsvermittler einen Umsatz von 80.000 € im Jahr und in seiner Tätigkeit als Finanzanlagenvermittler einen Umsatz von 20.000 € im Jahr eine niedrigere Prämie im gleichen VSH-Tarif zahlen muss als ein Versicherungs- und Finanzanlagenvermittler, der in seiner Tätigkeit als Versicherungsvermittler einen Umsatz von 20.000 € im Jahr und in seiner Tätigkeit als Finanzanlagenvermittler einen Umsatz von 80.000 € im Jahr hat. Der Prämienunterschied ergibt sich hier nur durch eine unterschiedliche Höhe der jeweiligen Umsatzanteile je ausgeübter und versicherter Tätigkeit.

Die Prämienhöhe, die sich für mitversicherte Mitarbeiter ergibt, hängt nicht selten von der Art der Mitarbeiter ab, also davon, ob es sich um angestellte oder selbstständige Mitarbeiter (Untervertreter) handelt (Tab. 6.15.1, 6.15.2 und 6.15.3).

Tab. 6.15.1 Versicherungsmakler und Finanzanlagenvermittler ohne Mitarbeiter

Prämienbeispiel 1	Versicherungsmakler, mit Vermittlung von offenen Investmentfonds und Bausparverträgen, keine Mitarbeiter, Jahresumsatz 50.000 €			
Anbieter	Produktname, Risikoträger	Jahresprämie netto – Deckungssumme (DS): 1,23 Mio. € oder nächstgelegene DS	Jahresprämie netto – Deckungssumme (DS): 2 Mio. € oder nächstgelegene DS	Jahresprämie netto – Deckungssumme (DS): 5 Mio. € oder nächstgelegene DS
Allcura Versicherungs-Aktiengesellschaft, www.allcura-versicherung.de	Vermögensschaden-Haftpflichtversicherung, Risikoträger: Allcura	736,15 € – DS: 1,23 Mio. €	954,45 € – DS: 2 Mio. €	1.663,20 € – DS: 5 Mio. €
	Besonderheiten bezüglich der Prämie/oder Prämienberechnung	Finanzierungsvermittler Nebentätigkeit VS 250.000 €, fünf Mitarbeiter beitragsfrei	Finanzierungsvermittler Nebentätigkeit VS 250.000 €, fünf Mitarbeiter beitragsfrei	Finanzierungsvermittler Nebentätigkeit VS 250.000 €, fünf Mitarbeiter beitragsfrei
ATS Finanzservice UG & Co. KG, www.ats-finanzgruppe.de	ATS-VSH-AL-2013, Risikoträger: Allianz	866,07 € – DS: 1,4 Mio. € für Versicherungsvermittler, 1,4 Mio. € für Finanzanlagenvermittler und 500.000 € für sonstige Finanzdienstleistungen	990,43 € – DS: 2 Mio. € für Versicherungsvermittler, 1,4 Mio. € für Finanzanlagenvermittler und 500.000 € für sonstige Finanzdienstleistungen	1.060,55 € – DS: 3 Mio. € für Versicherungsvermittler, 1,4 Mio. € für Finanzanlagenvermittler und 500.000 € für sonstige Finanzdienstleistungen
	Besonderheiten bezüglich der Prämie/oder Prämienberechnung	Dreijahresvertrag inkl. BHV und Internet (VS je zweifach p.a.)	Dreijahresvertrag inkl. BHV und Internet (VS je zweifach p.a.)	Dreijahresvertrag inkl. BHV und Internet (VS je zweifach p.a.)
BCA AG, www.bca.de	BCA Konzept, Risikoträger: Allianz	720,12 € – DS: 1,3 Mio. €	831,16 € – DS: 2 Mio. €	893,76 € – DS: 3 Mio. €
	Besonderheiten bezüglich der Prämie/oder Prämienberechnung	Bausparverträge: separate 100.000 € DS	Bausparverträge: separate 100.000 € DS	34d und 34f: je 3 Mio. DS (5 Mio. über individuelle Kalkulation möglich)/Bausparverträge: separate 100.000 € DS

6.15 Prämienbeispiele

Tab. 6.15.1 Fortsetzung

Charta Börse für Versicherungen AG, www.charta.de	CHARTA-Spezialpolice Vermögensschaden-Haftpflicht; Risikoträger: Ergo, Risikoträger: Ergo	922,59 € – DS: 3 Mio. €	922,59 € – DS: 3 Mio. €	1.802,30 € – DS: 5 Mio. €
	Besonderheiten bezüglich der Prämie/oder Prämienberechnung	VS 3 Mio. € (1,5 Mio. € Grunddeckung + 1,5 Mio. € über Gruppenanschlussvertrag; ohne Laufzeit- oder ISO-Rabatt)	VS 3 Mio. € (1,5 Mio. € Grunddeckung + 1,5 Mio. € über Gruppenanschlussvertrag; ohne Laufzeit- oder ISO-Rabatt)	3,5 Mio. € Grunddeckung + 1,5 Mio. € über Gruppenanschlussvertrag
ConceptIF AG, www.conceptif.de	CIF-Complete, Risikoträger: (Liberty)	895 € – DS: 1,35 Mio. €		
	Besonderheiten bezüglich der Prämie/oder Prämienberechnung	500 € Selbstbeteiligung		
Corporate Insurance Versicherungsmakler GmbH, www.corporate-insurance.de	CI-Complete, Risikoträger: (Liberty)	895 € – DS: 1,35 Mio. €		
	Besonderheiten bezüglich der Prämie/oder Prämienberechnung	500 € Selbstbeteiligung		
Domcura AG (Assekuradeur), www.domcura.de über Anbieter: Nordias GmbH, www.nordias.de oder auch Ralf W. Barth GmbH, www.rwb-finanz.de	VSH „Protect", Risikoträger: Allcura	499,46 € – DS: 1,5 Mio. €	582,62 € – DS: 2 Mio. €	998,42 € – DS: 5 Mio. €
	Besonderheiten bezüglich der Prämie/oder Prämienberechnung	Dreijahresvertrag und Umsatznachlass	Dreijahresvertrag und Umsatznachlass	Dreijahresvertrag und Umsatznachlass

Tab. 6.15.1 Fortsetzung

Domcura AG (Assekuradeur), www.domcura.de über Anbieter: Nordias GmbH, www.nordias.de oder auch Ralf W. Barth GmbH, www.rwb-finanz.de	Rahmenvereinbarung R+V, Risikoträger: R+V	609,88 € – DS: 1,5 Mio. €	1.355,74 € – DS: 2 Mio. € für § 34d Abs. 1 GewO, 1,5 Mio. € für § 34f Abs. 1 Nr. 1 GewO
	Besonderheiten bezüglich der Prämie/oder Prämienberechnung	DS: 500.000 € für Finanzierungen, Dreijahresvertrag und fester Selbstbehalt 2.500 €	DS: 500.000 € für Finanzierungen, Dreijahresvertrag und fester Selbstbehalt 2.500 €
ias Internationale Assekuranz-Service GmbH, www.ias-bremen.de/Assekuradeur und Anbieter: Manager Assecuranz Compagnie GmbH, www.managerassecuranz.de	24-you, Risikoträger: Torus Insurance	607 € – DS: 1,85 Mio. € für den § 34d GewO + 1,85 Mio. € für den § 34f GewO + 0,3 Mio. € für Bausparverträge (§ 34 c GewO)	1.071 € – 5 Mio. €
	Besonderheiten bezüglich der Prämie/oder Prämienberechnung	Umsatzbezogene Prämie	Umsatzbezogene Prämie
Nürnberger Allgemeine Versicherungs-AG, www.nuernberger.de	VSH-Versicherung, Risikoträger: Nürnberger	1.189,65 € – DS: 1,5 Mio. €	Auf Anfrage
	Besonderheiten bezüglich der Prämie/oder Prämienberechnung	10 % Zuschlag auf die Grundprämie	
R+V Allgemeine Versicherung AG, www.ruv.de	VSH-Versicherung, Risikoträger: R+V	777 € – DS: 1,25 Mio. € für § 34d Abs. 1 GewO und 1,5 Mio. € für § 34f Abs. 1 Nr. 1 GewO und 500.000 € für Bausparvermittlung	1.890 € – DS: 2 Mio. € für § 34d Abs. 1 GewO und 1,5 Mio. € für § 34f Abs. 1 Nr. 1 GewO und 500.000 € für Bausparvermittlung
	Besonderheiten bezüglich der Prämie/oder Prämienberechnung	DS Bauspar 500.000 €	Wird nicht geboten

6.15 Prämienbeispiele

Tab. 6.15.1 Fortsetzung

Schutzvereinigung deutscher Vermittler von Versicherungen und anderen Finanzdienstleistungen e. V. (SdV), www.sdv-online.de	Secure, Risikoträger: HDI oder Allcura	495 € – DS: 1,5 Mio. €	
	Besonderheiten bezüglich der Prämie/oder Prämienberechnung	bei 2.500 € Selbstbehalt, ohne Laufzeitnachlass	
Schutzvereinigung deutscher Vermittler von Versicherungen und anderen Finanzdienstleistungen e. V. (SdV), www.sdv-online.de	Secure, Risikoträger: HDI oder Allcura	990 € – DS: 1,5 Mio. €	
	Besonderheiten bezüglich der Prämie/oder Prämienberechnung	bei 500 € Selbstbehalt, ohne Laufzeitnachlass	
Schutzvereinigung deutscher Vermittler von Versicherungen und anderen Finanzdienstleistungen e. V. (SdV), www.sdv-online.de	Select, Risikoträger: Allcura	936 € – DS: 1,5 Mio. €	1.341 € – DS: 2 Mio. €
	Besonderheiten bezüglich der Prämie/oder Prämienberechnung	bei 500 € Selbstbehalt, ohne Laufzeitnachlass	bei 500 € Selbstbehalt, ohne Laufzeitnachlass
Schutzvereinigung deutscher Vermittler von Versicherungen und anderen Finanzdienstleistungen e. V. (SdV), www.sdv-online.de	Comfort +, Risikoträger: Ergo	1.247,40 € – DS: 1,5 Mio. €	1.559,25 € – DS: 2 Mio. €	2.905,21 € – DS: jeweils 5 Mio. € für § 34d und f GewO sowie für sonstige Finanzdienstleistungen (lt. Tarifrechner!; Anm. d. Red.)
	Besonderheiten bezüglich der Prämie/oder Prämienberechnung	ohne Selbstbehalt im Pflichtversicherungsbereich, 3mal 1,5 Mio. € für jeden der o.g. Bereiche, ohne Laufzeitnachlass	ohne Selbstbehalt im Pflichtversicherungsbereich, 3mal 2 Mio. € für jeden der o.g. Bereiche, ohne Laufzeitnachlass	Berechnung beinhaltet 10 % Nachlass bei 1.000 € Festselbstbehalt für sonstige Finanzdienstleistungen, wird kein Festselbstbehalt gewünscht, entfallen die 10 % Nachlass

Tab. 6.15.1 Fortsetzung

Swiss Life Partner GmbH, www.swisslife-weboffice.de	SLP-Vermittlerschutz, Risikoträger: HDI	1.340 € – DS: 1,5 Mio. €	1.782 € – DS: 2 Mio. €
	Besonderheiten bezüglich der Prämie/oder Prämienberechnung	Bei 500 € Selbstbehalt	Bei 500 € Selbstbehalt

Alle Daten wurden Anfang 2013 bei von den VSH-Anbietern erfragt. Alle Antworten, bis auf die separat gekennzeichneten (* Anm. d. Red.), stammen von den Anbietern selbst – teils auch in gekürzter Form – und stellen nicht die Meinung des Autors oder Verlages dar. Die Tabelle erhebt keinen Anspruch auf Vollständigkeit und stellt auch keine Empfehlung dar. Der Verlag und der Autor können keine Haftung für die Richtigkeit der Daten übernehmen. © Redaktionsbüro Zwick

6.15 Prämienbeispiele

Tab. 6.15.2 Versicherungsmakler und Finanzanlagenvermittler mit Mitarbeiter

Prämienbeispiel 2		Mehrfachagentur, vermittelt Versicherungen, offene und geschlossene Fonds, Bausparverträge, Grundschulden. GmbH mit 1 Geschäftsführer, drei Angestellte im Innendienst, drei hauptberufliche Handelsvertreter. Umsatz 500.000 € p.a.			
Anbieter	Produktname, Risikoträger				
Allcura Versicherungs-Aktiengesellschaft, www.allcura-versicherung.de	Vermögensschaden-Haftpflichtversicherung, Risikoträger: Allcura	Jahresprämie netto – Deckungssumme (DS): 1,23 Mio. € oder nächst gelegene DS	Jahresprämie netto – Deckungssumme (DS): 2 Mio. € oder nächst gelegene DS	Jahresprämie netto – Deckungssumme (DS): 5 Mio. € oder nächst gelegene DS	
		1.605,10 €	2.162,53 €	3.972,37 €	
	Besonderheiten bezüglich der Prämie/oder Prämienberechnung	Finanzierungsvermittler Nebentätigkeit VS 250.000 €, fünf Mitarbeiter beitragsfrei	Finanzierungsvermittler Nebentätigkeit VS 250.000 €, fünf Mitarbeiter beitragsfrei	Finanzierungsvermittler Nebentätigkeit VS 250.000 €, fünf Mitarbeiter beitragsfrei	
ATS FinanzService UG & Co. KG, www.ats-finanzgruppe.de	ATS-VSH-AL-2013, Risikoträger: Allianz	1.372,90 € – DS: 1,4 Mio. € für Versicherungsvermittler, 1,4 Mio. € für Finanzanlagenvermittler und 500.000 € für sonstige Finanzdienstleistungen	1.509,70 € – DS: 2 Mio. € für Versicherungsvermittler, 1,4 Mio. € für Finanzanlagenvermittler und 500.000 € für sonstige Finanzdienstleistungen	1.586,83 € – DS: 3 Mio. € für Versicherungsvermittler, 1,4 Mio. € für Finanzanlagenvermittler und 500.000 € für sonstige Finanzdienstleistungen	
	Besonderheiten bezüglich der Prämie/oder Prämienberechnung	Dreijahresvertrag inkl. BHV und Internet (Vers.summen je zweifach p.a.)	Dreijahresvertrag inkl. BHV und Internet (Vers.summen je zweifach p.a.)	Dreijahresvertrag inkl. BHV und Internet (Vers.summen je zweifach p.a.)	
BCA AG, www.bca.de	BCA Konzept, Risikoträger: Allianz	1.061,21 € – DS: 1,3 Mio. €	1.172,24 € – DS: 2 Mio. €	1.234,85 € – DS: 3 Mio. €	
	Besonderheiten bezüglich der Prämie/oder Prämienberechnung	Bausparverträge: separate 100.000 € DS	Bausparverträge: separate 100.000 € DS	Bausparverträge: separate 100.000 € DS	§ 34d und 34f GewO: je 3 Mio. DS (5 Mio. € über individuelle Kalkulation möglich)/Bausparverträge: separate 100.000 € DS

Tab. 6.15.2 Fortsetzung

ConceptIF AG, www.conceptif.de	CIF-Complete, Risikoträger: (Liberty)	1.342 € + freie Mitarbeiter eigene Verträge je 721,20 € netto p.a.- DS: 1,35 Mio. €
	Besonderheiten bezüglich der Prämie/oder Prämienberechnung	500 € Selbstbeteiligung
Corporate Insurance Versicherungsmakler GmbH, www.corporate-insurance.de	CI-Complete, Risikoträger: (Liberty)	1.342 € + freie Mitarbeiter eigene Verträge je 721,20 € netto p.a. – DS: 1,35 Mio. €
	Besonderheiten bezüglich der Prämie/oder Prämienberechnung	500 € Selbstbeteiligung
Domcura AG (Assekuradeur), www.domcura.de über Anbieter: Nordias GmbH, www.nordias.de oder auch Ralf W. Barth GmbH, www.rwb-finanz.de	VSH „Protect", Risikoträger: Allcura	1.351,60 € – DS: 1,5 Mio. € 1.617,05 € – DS: 2 Mio. € 2.944,26 € – DS: 5 Mio. €
	Besonderheiten bezüglich der Prämie/oder Prämienberechnung	Dreijahresvertrag und Umsatznachlass Dreijahresvertrag und Umsatznachlass Dreijahresvertrag und Umsatznachlass
Domcura AG (Assekuradeur), www.domcura.de über Anbieter: Nordias GmbH, www.nordias.de oder auch Ralf W. Barth GmbH, www.rwb-finanz.de	Rahmenvereinbarung R+V, Risikoträger: R+V	1.823,74 € – DS: 1,5 Mio. € 2.022,64 € – DS: 2 Mio. € für § 34d Abs. 1 GewO, 1,5 Mio. € für § 34f Abs. 1 Nr. 1 und Nr. 2 GewO, 500.000 € für Finanzierungen Kein Angebot/nur nach individueller Prüfung
	Besonderheiten bezüglich der Prämie/oder Prämienberechnung	Dreijahresvertrag und fester Selbstbehalt 2.500 €/DS Finanzierungen 500.000 € Dreijahresvertrag und fester Selbstbehalt 2.500 €/DS Finanzierungen 500.000 €

6.15 Prämienbeispiele

Tab. 6.15.2 Fortsetzung

Ias Internationale Assekuranz-Service GmbH, www.ias-bremen.de/Assekuradeur und Anbieter: Manager Assecuranz Compagnie GmbH, www.managerassecuranz.de	24-you, Risikoträger: Torus Insurance	2.335 € – DS: 1,85 Mio. € für den § 34d GewO + 1,85 Mio. € für den § 34f GewO + 0,3 Mio. € für Bausparverträge (§ 34c GewO)	4.117 € – 5 Mio. €
	Besonderheiten bezüglich der Prämie/oder Prämienberechnung	Umsatzbezogene Prämie	Umsatzbezogene Prämie
Nürnberger Allgemeine Versicherungs-AG, www.nuernberger.de	VSH-Versicherung, Risikoträger: Nürnberger	1.405,95 € – DS: 1,5 Mio. €	auf Anfrage
	Besonderheiten bezüglich der Prämie/oder Prämienberechnung	30 % Zuschlag auf die Grundprämie	
R+V Allgemeine Versicherung AG, www.ruv.de	VSH-Versicherung, Risikoträger: R+V	2.746,38 € – DS: 1,25 Mio. € für § 34d Abs. 1 GewO und 1,5 Mio. € für § 34f Abs. 1 Nr. 1 und 2 GewO und 500.000 € für Bausparvermittlung	1.890 € – DS: 2 Mio. € für § 34d Abs. 1 GewO und 1,5 Mio. € für § 34f Abs. 1 Nr. 1 und 2 GewO und 500.000 € für Bausparvermittlung
	Besonderheiten bezüglich der Prämie/oder Prämienberechnung	DS Bauspar/Grundschulden 500.000 €	DS Bauspar/Grundschulden 500.000 €
Schutzvereinigung deutscher Vermittler von Versicherungen und anderen Finanzdienstleistungen e. V. (SdV), www.sdv-online.de	Select, Risikoträger: Allcura	873 € für die GmbH + 436,50 € pro gewerbetreibendem Untervermittler – DS: 1,3 Mio. €	1.170 € für die GmbH + 585 € pro gewerbetreibendem Untervermittler – DS: 2 Mio. €
	Besonderheiten bezüglich der Prämie/oder Prämienberechnung	bei 500 € Selbstbehalt, ohne Laufzeitnachlass	bei 500 € Selbstbehalt, ohne Laufzeitnachlass

Tab. 6.15.2 Fortsetzung

Schutzvereinigung deutscher Vermittler von Versicherungen und anderen Finanzdienstleistungen e. V. (SdV), www.sdv-online.de	Comfort +, Risikoträger: Ergo	1.620 € für die GmbH +810 € pro gewerbetreibendem Untervermittler – DS: 1,5 Mio. €	2.025 € für die GmbH +810 € pro gewerbetreibendem Untervermittler – DS: 2 Mio. €	4.191,75 € + 810 € pro gewerbetreibendem Untervermittler – DS: jeweils 5 Mio. € für § 34d und f GewO sowie für sonstige Finanzdienstleistungen
	Besonderheiten bezüglich der Prämie-/oder Prämienberechnung	Ohne Selbstbehalt im Pflichtversicherungsbereich, 3mal 1,5 Mio. € für jeden der o.g. Bereiche, ohne Laufzeitnachlass	Ohne Selbstbehalt im Pflichtversicherungsbereich, 3mal 2 Mio. € für jeden der o.g. Bereiche, ohne Laufzeitnachlass (die DS für die Untervermittler bleiben bei 1,5 Mio.)	Berechnung beinhaltet 10 % Nachlass bei 1.000 € Festselbstbehalt für sonstige Finanzdienstleistungen, wird kein Festselbstbehalt gewünscht, entfallen die 10 % Nachlass. ohne Laufzeitnachlass (die DS für die Untervermittler bleiben bei 1,5 Mio. €)
Swiss Life Partner GmbH, www.swisslife-weboffice.de	SLP-Vermittlerschutz, Risikoträger: HDI	2.240 € für die GmbH +670 € pro gewerbetreibendem Untervermittler – DS: 1,5 Mio. €	2.980 € für die GmbH +891 € pro gewerbetreibendem Untervermittler – DS: 2 Mio. €	
	Besonderheiten bezüglich der Prämie-/oder Prämienberechnung	bei 500 € Selbstbehalt	bei 500 € Selbstbehalt	

Alle Daten wurden Anfang 2013 bei von den VSH-Anbietern erfragt. Alle Antworten, bis auf die separat gekennzeichneten (* Anm. d. Red.), stammen von den Anbietern selbst – teils auch in gekürzter Form – und stellen nicht die Meinung des Autors oder Verlages dar. Die Tabelle erhebt keinen Anspruch auf Vollständigkeit und stellt auch keine Empfehlung dar. Der Verlag und der Autor können keine Haftung für die Richtigkeit der Daten übernehmen. © Redaktionsbüro Zwick

6.15 Prämienbeispiele

Tab. 6.15.3 Versicherungsmakler mit Honorarberatung und mit Mitarbeiter

Prämienbeispiel 3	Versicherungsmakler, mit Honorarberatung (20 % vom Umsatz). zwei Geschäftsführer, sechs Angestellte im Innendienst, fünf hauptberufliche Vertreter. Umsatz 1 Mio. € p.a.		
Anbieter	Produktname, Risikoträger		
Allcura Versicherungs-Aktiengesellschaft, www.allcura-versicherung.de	Vermögensschaden-Haftpflichtversicherung, Risikoträger: Allcura		
	Jahresprämie netto – Deckungssumme (DS): 1,23 Mio. € oder nächstgelegene DS	Jahresprämie netto – Deckungssumme (DS): 2 Mio. € oder nächstgelegene DS	Jahresprämie netto – Deckungssumme (DS): 5 Mio. € oder nächstgelegene DS
	1.605,10 €	2.162,53 €	3.972,37 €
Besonderheiten bezüglich der Prämie/oder Prämienberechnung	Finanzierungsvermittler Nebentätigkeit DS 250.000 €, fünf Mitarbeiter beitragsfrei	Finanzierungsvermittler Nebentätigkeit DS 250.000 €, fünf Mitarbeiter beitragsfrei	Finanzierungsvermittler Nebentätigkeit DS 250.000 €, fünf Mitarbeiter beitragsfrei
ATS FinanzService UG & Co. KG, www.ats-finanzgruppe.de	ATS-VSH-AL-2013, Risikoträger: Allianz		
	1.372,90 € – DS: 1,4 Mio. € für Versicherungsvermittler, 1,4 Mio. € für Finanzanlagenvermittler und 500.000 € für sonstige Finanzdienstleistungen	1.509,70 € – DS: 2 Mio. € für Versicherungsvermittler, 1,4 Mio. € für Finanzanlagenvermittler und 500.000 € für sonstige Finanzdienstleistungen	1.586,83 € – DS: 3 Mio. € für Versicherungsvermittler, 1,4 Mio. € für Finanzanlagenvermittler und 500.000 € für sonstige Finanzdienstleistungen
Besonderheiten bezüglich der Prämie/oder Prämienberechnung	Dreijahresvertrag inkl. BHV und Internet (VersSummen je zweifach p.a.)	Dreijahresvertrag inkl. BHV und Internet (VersSummen je zweifach p.a.)	Dreijahresvertrag inkl. BHV und Internet (VersSummen je zweifach p.a.)
BCA AG, www.bca.de	BCA Konzept, Risikoträger: Allianz		
	1.061,21 € – DS: 1,3 Mio. €	1.172,24 € – DS: 2 Mio. €	1.234,85 € – DS: 3 Mio. €
Besonderheiten bezüglich der Prämie/oder Prämienberechnung	Bausparverträge: separate 100.000 € Deckungssumme	Bausparverträge: separate 100.000 € Deckungssumme	§ 34d und 34f GewO: je 3 Mio. DS (5 Mio. € über individuelle Kalkulation möglich)/Bausparverträge: separate 100.000 € Deckungssumme

Tab. 6.15.3 Fortsetzung

Charta Börse für Versicherungen AG, www.charta.de	CHARTA-Spezialpolice Vermögensschaden-Haftpflicht; Risikoträger: Ergo, Risikoträger: Ergo	1.323,14 € – DS: 3 Mio. €	1.323,14 € – DS: 3 Mio. €	2.703,74 € – DS: 5 Mio. €
	Besonderheiten bezüglich der Prämie/oder Prämienberechnung	DS 3 Mio. € (1,5 Mio. € Grunddeckung + 1,5 Mio. € über Gruppenanschlussvertrag; ohne Laufzeit- oder ISO-Rabatt)	VS 3 Mio. € (1,5 Mio. € Grunddeckung + 1,5 Mio. € über Gruppenanschlussvertrag; ohne Laufzeit- oder ISO-Rabatt)	3,5 Mio. € Grunddeckung + 1,5 Mio. € über Gruppenanschlussvertrag
ConceptIF AG, www.conceptif.de	CIF-Insure, Risikoträger: AXA und Liberty	AXA: 891 € + freie Mitarbeiter eigene Verträge je 430 € netto p.a. – DS: 1,35 Mio. Euro, Liberty: 800 € + freie Mitarbeiter eigene Verträge je 416 € netto p.a. – DS: 1,35 Mio. Euro		
	Besonderheiten bezüglich der Prämie/oder Prämienberechnung			
Corporate Insurance Versicherungsmakler GmbH, www.corporate-insurance.de	CI-Insure, Risikoträger: AXA und Liberty	AXA: 891 € + freie Mitarbeiter eigene Verträge je 430 € netto p.a. – DS: 1,35 Mio. Euro, Liberty: 800 € + freie Mitarbeiter eigene Verträge je 416 € netto p.a. – DS: 1,35 Mio. Euro		
	Besonderheiten bezüglich der Prämie/oder Prämienberechnung			

6.15 Prämienbeispiele

Tab. 6.15.3 Fortsetzung

Anbieter				
Domcura AG (Assekuradeur), www.domcura.de über Anbieter: Nordias GmbH, www.nordias.de oder auch Ralf W. Barth GmbH, www.rwb-finanz.de	VSH „Protect", Risikoträger: Allcura	1.816,29 € – DS: 1,5 Mio. €	2.199,02 € – DS: 2 Mio. €	4.112,64 € – DS: 5 Mio. €
	Besonderheiten bezüglich der Prämie/oder Prämienberechnung	Dreijahresvertrag und Umsatznachlass	Dreijahresvertrag und Umsatznachlass	Dreijahresvertrag und Umsatznachlass
Domcura AG (Assekuradeur), www.domcura.de über Anbieter: Nordias GmbH, www.nordias.de oder auch Ralf W. Barth GmbH, www.rwb-finanz.de	Rahmenvereinbarung R+V, Risikoträger: R+V	1.713,60 € – DS: 1,5 Mio. €	1.909,44 € – DS: 2 Mio. €	Kein Angebot/nur nach individueller Prüfung
	Besonderheiten bezüglich der Prämie/oder Prämienberechnung	Dreijahresvertrag und fester Selbstbehalt 2.500 €/DS Finanzierungen 500.000 €	Dreijahresvertrag und fester Selbstbehalt 2.500 €/DS Finanzierungen 500.000 €	
Ias Internationale Assekuranz-Service GmbH, www.ias-bremen.de/Assekuradeur und Anbieter: Manager Assecuranz Compagnie GmbH, www.managerassecuranz.de	24-you, Risikoträger: Torus Insurance	2.335 € – DS: 1,85 Mio. € für den § 34d GewO + 1,85 Mio. € für den § 34f GewO + 0,3 Mio. € für Bausparverträge (§ 34c GewO)		4.117 € – 5 Mio. €
	Besonderheiten bezüglich der Prämie/oder Prämienberechnung	Umsatzbezogene Prämie		Umsatzbezogene Prämie
Nürnberger Allgemeine Versicherungs-AG, www.nuernberger.de	VSH-Versicherung, Risikoträger: Nürnberger	1.405,95 € – DS: 1,5 Mio. €	Auf Anfrage	Auf Anfrage
	Besonderheiten bezüglich der Prämie/oder Prämienberechnung	Ein Geschäftsführer 1.081,50 €, ein weiterer Geschäftsführer 540,80 €, drei Angestellte beitragsfrei, je weiterer Angestellter 108,20 €; Untervermittler 540,80 € (separater Vertrag)		

Tab. 6.15.3 Fortsetzung

R+V Allgemeine Versicherung AG, www.ruv.de	VSH-Versicherung, Risikoträger: R+V	1.848 € – DS: 1,25 Mio. €	2.688 € – DS: 2 Mio. €	Wird nicht angeboten
	Besonderheiten bezüglich der Prämie/oder Prämienberechnung			
Schutzvereinigung deutscher Vermittler von Versicherungen und anderen Finanzdienstleistungen e. V. (SdV), www.sdv-online.de	Select, Risikoträger: Allcura	1.121,40 € für die GmbH + 400,50 € pro gewerbetreibendem Untervermittler – DS: 1,3 Mio. €	1.688,40 € für die GmbH + 603 € pro gewerbetreibendem Untervermittler – DS: 2 Mio. €	
	Besonderheiten bezüglich der Prämie/oder Prämienberechnung	Bei 500 € Selbstbehalt, ohne Laufzeitnachlass	Bei 500 € Selbstbehalt, ohne Laufzeitnachlass	
Schutzvereinigung deutscher Vermittler von Versicherungen und anderen Finanzdienstleistungen e. V. (SdV), www.sdv-online.de	Comfort +, Risikoträger: Ergo	1.814,40 € für die GmbH + 567 € pro gewerbetreibendem Untervermittler – DS: 1,5 Mio. €	2.268 € für die GmbH + 567 € pro gewerbetreibendem Untervermittler – DS: 2 Mio. €	4.225,87 € + 567 € pro gewerbetreibendem Untervermittler – DS: jeweils 5 Mio. € für § 34d GewO sonstige Finanzdienstleistungen
	Besonderheiten bezüglich der Prämie/oder Prämienberechnung	Ohne Selbstbehalt im Pflichtversicherungsbereich, ohne Laufzeitnachlass	Ohne Selbstbehalt im Pflichtversicherungsbereich, ohne Laufzeitnachlass (die DS für die Untervermittler bleiben bei 1,5 Mio. €)	Berechnung beinhaltet 10 % Nachlass bei 1.000 € Festselbstbehalt für sonstige Finanzdienstleistungen, wird kein Festselbstbehalt gewünscht, entfallen die 10 % Nachlass. ohne Laufzeitnachlass (die DS für die Untervermittler bleiben bei 1,5 Mio. €)

Alle Daten wurden Anfang 2013 bei von den VSH-Anbietern erfragt. Alle Antworten, bis auf die separat gekennzeichneten (* Anm. d. Red.), stammen von den Anbietern selbst – teils auch in gekürzter Form – und stellen nicht die Meinung des Autors oder Verlages dar. Die Tabelle erhebt keinen Anspruch auf Vollständigkeit und stellt auch keine Empfehlung dar. Der Verlag und der Autor können keine Haftung für die Richtigkeit der Daten übernehmen. © Redaktionsbüro Zwick

Fazit 7

Um einen für den jeweiligen Bedarf des Vermittlers bzw. Finanzdienstleister ausreichenden Versicherungsschutz zu gewährleisten, ist es unbedingt notwendig, eine individuelle und aktuelle Bedarfsanalyse zu erstellen. Denn kein Vermittler ist wie der andere.

Es ist zudem unabdingbar, auch in Zukunft, regelmäßig den Bedarf neu zu analysieren und die VSH-Police an geänderte Risiken wie die jeweils aktuell ausgeübten Tätigkeitsarten und das gegenwärtige Produktportfolio sowie an die sich geänderten Gegebenheiten, also beispielsweise an die aktuelle Anzahl der freiberuflich tätigen Mitarbeiter, anzupassen - insbesondere, weil auch Vermittlerbetriebe sich stets den markwirtschaftlichen und gesetzlichen Vorgaben anpassen und entsprechend verändern müssen.

Wie bereits im Vorwort angeklungen, lässt sich abschließend nur nochmals wiederholen: Wie bei allen anderen Versicherungen, egal ob im Firmen- oder Privatsegment, gilt auch für die Berufs- bzw. Vermögensschaden-Haftpflichtversicherung für Versicherungsvermittler und -berater:

Nicht der Preis ist letztendlich entscheidend, ob man optimal versichert ist, sondern dass im Schadenfall die Versicherung bestehende existenzgefährdende Risiken auch tatsächlich abdeckt.

Anhang

Auszüge der im Buch genannten Gesetze

Alle hier aufgeführten Textauszüge aktueller Gesetze und Rechtsverordnungen können unter www.gesetze-im-internet.de, einem gemeinsamen Projekt des Bundesministeriums der Justiz und der juris GmbH, welches allen Bürgerinnen und Bürgern beinahe das gesamte aktuelle Bundesrecht kostenlos im Internet zur Einsicht bereitstellt, nachgelesen werden.

Bürgerliches Gesetzbuch (BGB)

§ 278 Verantwortlichkeit des Schuldners für Dritte

Der Schuldner hat ein Verschulden seines gesetzlichen Vertreters und der Personen, deren er sich zur Erfüllung seiner Verbindlichkeit bedient, in gleichem Umfang zu vertreten wie eigenes Verschulden. Die Vorschrift des § 276 Abs. 3 findet keine Anwendung.

§ 831 Haftung für den Verrichtungsgehilfen

(1) Wer einen anderen zu einer Verrichtung bestellt, ist zum Ersatz des Schadens verpflichtet, den der andere in Ausführung der Verrichtung einem Dritten widerrechtlich zufügt. Die Ersatzpflicht tritt nicht ein, wenn der Geschäftsherr bei der Auswahl der bestellten Person und, sofern er Vorrichtungen oder Gerätschaften zu beschaffen oder die Ausführung der Verrichtung zu leiten hat, bei der Beschaffung oder der Leitung die im Verkehr erforderliche Sorgfalt beobachtet oder wenn der Schaden auch bei Anwendung dieser Sorgfalt entstanden sein würde.
(2) Die gleiche Verantwortlichkeit trifft denjenigen, welcher für den Geschäftsherrn die Besorgung eines der im Abs. 1 Satz 2 bezeichneten Geschäfte durch Vertrag übernimmt.

Handelsgesetzbuch (HGB)

Siebenter Abschnitt
Handelsvertreter
§ 84
(1) Handelsvertreter ist, wer als selbständiger Gewerbetreibender ständig damit betraut ist, für einen anderen Unternehmer (Unternehmer) Geschäfte zu vermitteln oder in dessen Namen abzuschließen. Selbständig ist, wer im wesentlichen frei seine Tätigkeit gestalten und seine Arbeitszeit bestimmen kann.
(2) Wer, ohne selbständig im Sinne des Absatzes 1 zu sein, ständig damit betraut ist, für einen Unternehmer Geschäfte zu vermitteln oder in dessen Namen abzuschließen, gilt als Angestellter.
(3) Der Unternehmer kann auch ein Handelsvertreter sein.
(4) Die Vorschriften dieses Abschnittes finden auch Anwendung, wenn das Unternehmen des Handelsvertreters nach Art oder Umfang einen in kaufmännischer Weise eingerichteten Geschäftsbetrieb nicht erfordert.

Gewerbeordnung (GewO)

§ 34c Makler, Bauträger, Baubetreuer
(1) Wer gewerbsmäßig

1. den Abschluss von Verträgen über Grundstücke, grundstücksgleiche Rechte, gewerbliche Räume oder Wohnräume vermitteln oder die Gelegenheit zum Abschluss solcher Verträge nachweisen,
2. den Abschluss von Darlehensverträgen vermitteln oder die Gelegenheit zum Abschluss solcher Verträge nachweisen,
3. Bauvorhaben
   a. als Bauherr im eigenen Namen für eigene oder fremde Rechnung vorbereiten oder durchführen und dazu Vermögenswerte von Erwerbern, Mietern, Pächtern oder sonstigen Nutzungsberechtigten oder von Bewerbern um Erwerbs- oder Nutzungsrechte verwenden,
   b. als Baubetreuer im fremden Namen für fremde Rechnung wirtschaftlich vorbereiten oder durchführen

   will, bedarf der Erlaubnis der zuständigen Behörde. Die Erlaubnis kann inhaltlich beschränkt und mit Auflagen verbunden werden, soweit dies zum Schutze der Allgemeinheit oder der Auftraggeber erforderlich ist; unter denselben Voraussetzungen ist auch die nachträgliche Aufnahme, Änderung und Ergänzung von Auflagen zulässig.

(2) Die Erlaubnis ist zu versagen, wenn

1. Tatsachen die Annahme rechtfertigen, dass der Antragsteller oder eine der mit der Leitung des Betriebes oder einer Zweigniederlassung beauftragten Personen die für den Gewerbebetrieb erforderliche Zuverlässigkeit nicht besitzt; die erforderliche Zuverlässigkeit besitzt in der Regel nicht, wer in den letzten fünf Jahren vor Stellung des Antrages wegen eines Verbrechens oder wegen Diebstahls, Unterschlagung, Erpressung, Betruges, Untreue, Geldwäsche, Urkundenfälschung, Hehlerei, Wuchers oder einer Insolvenzstraftat rechtskräftig verurteilt worden ist, oder
2. der Antragsteller in ungeordneten Vermögensverhältnissen lebt; dies ist in der Regel der Fall, wenn über das Vermögen des Antragstellers das Insolvenzverfahren eröffnet worden oder er in das vom Vollstreckungsgericht zu führende Verzeichnis (§ 26 Abs. 2 Insolvenzordnung, § 882b Zivilprozessordnung) eingetragen ist.

(3) Das Bundesministerium für Wirtschaft und Technologie wird ermächtigt, durch Rechtsverordnung mit Zustimmung des Bundesrates zum Schutze der Allgemeinheit und der Auftraggeber Vorschriften zu erlassen über den Umfang der Verpflichtungen des Gewerbetreibenden bei der Ausübung des Gewerbes, insbesondere über die Verpflichtungen…

§ 34d Versicherungsvermittler
(1) Wer gewerbsmäßig als Versicherungsmakler oder als Versicherungsvertreter den Abschluss von Versicherungsverträgen vermitteln will (Versicherungsvermittler), bedarf der Erlaubnis der zuständigen Industrie- und Handelskammer. Die Erlaubnis kann inhaltlich beschränkt und mit Auflagen verbunden werden, soweit dies zum Schutze der Allgemeinheit oder der Versicherungsnehmer erforderlich ist; unter denselben Voraussetzungen sind auch die nachträgliche Aufnahme, Änderung und Ergänzung von Auflagen zulässig. In der Erlaubnis ist anzugeben, ob sie einem Versicherungsmakler oder einem Versicherungsvertreter erteilt wird. Die einem Versicherungsmakler erteilte Erlaubnis beinhaltet die Befugnis, Dritte, die nicht Verbraucher sind, bei der Vereinbarung, Änderung oder Prüfung von Versicherungsverträgen gegen gesondertes Entgelt rechtlich zu beraten; diese Befugnis zur Beratung erstreckt sich auch auf Beschäftigte von Unternehmen in den Fällen, in denen der Versicherungsmakler das Unternehmen berät. Bei der Wahrnehmung der Aufgaben nach den Sätzen 1 und 2 unterliegt die Industrie- und Handelskammer der Aufsicht der obersten Landesbehörde.

(2) Die Erlaubnis ist zu versagen, wenn

1. Tatsachen die Annahme rechtfertigen, dass der Antragsteller die für den Gewerbebetrieb erforderliche Zuverlässigkeit nicht besitzt; die erforderliche Zuverlässigkeit besitzt in der Regel nicht, wer in den letzten fünf Jahren vor Stellung des Antrages wegen eines Verbrechens oder wegen Diebstahls, Unterschlagung, Erpressung, Betruges, Un-

treue, Geldwäsche, Urkundenfälschung, Hehlerei, Wuchers oder einer Insolvenzstraftat rechtskräftig verurteilt worden ist,
2. der Antragsteller in ungeordneten Vermögensverhältnissen lebt; dies ist in der Regel der Fall, wenn über das Vermögen des Antragstellers das Insolvenzverfahren eröffnet worden oder er in das vom Vollstreckungsgericht zu führende Verzeichnis (§ 26 Abs. 2 der Insolvenzordnung, § 882b der Zivilprozessordnung) eingetragen ist,
3. der Antragsteller den Nachweis einer Berufshaftpflichtversicherung nicht erbringen kann oder
4. der Antragsteller nicht durch eine vor der Industrie- und Handelskammer erfolgreich abgelegte Prüfung nachweist, dass er die für die Versicherungsvermittlung notwendige Sachkunde über die versicherungsfachlichen, insbesondere hinsichtlich Bedarf, Angebotsformen und Leistungsumfang, und rechtlichen Grundlagen sowie die Kundenberatung besitzt; es ist ausreichend, wenn der Nachweis durch eine angemessene Zahl von beim Antragsteller beschäftigten natürlichen Personen erbracht wird, denen die Aufsicht über die unmittelbar mit der Vermittlung von Versicherungen befassten Personen übertragen ist und die den Antragsteller vertreten dürfen.

(3) Auf Antrag hat die nach Abs. 1 zuständige Behörde einen Gewerbetreibenden, der die Versicherung als Ergänzung der im Rahmen seiner Haupttätigkeit gelieferten Waren oder Dienstleistungen vermittelt, von der Erlaubnispflicht nach Abs. 1 zu befreien, wenn er nachweisen kann, dass

1. er seine Tätigkeit als Versicherungsvermittler unmittelbar im Auftrag eines oder mehrerer Versicherungsvermittler, die Inhaber einer Erlaubnis nach Abs. 1 sind, oder eines oder mehrerer Versicherungsunternehmen ausübt,
2. für ihn eine Berufshaftpflichtversicherung nach Maßgabe des Absatzes 2 Nr. 3 besteht und
3. er zuverlässig sowie angemessen qualifiziert ist und nicht in ungeordneten Vermögensverhältnissen lebt; als Nachweis hierfür ist eine Erklärung der in Nr. 1 bezeichneten Auftraggeber ausreichend, mit dem Inhalt, dass sie sich verpflichten, die Anforderungen entsprechend § 80 Abs. 2 des Versicherungsaufsichtsgesetzes zu beachten und die für die Vermittlung der jeweiligen Versicherung angemessene Qualifikation des Antragstellers sicherzustellen, und dass ihnen derzeit nichts Gegenteiliges bekannt ist.

Absatz 1 Satz 2 gilt entsprechend.

(4) Keiner Erlaubnis bedarf ein Versicherungsvermittler nach Abs. 1 Satz 1, wenn

1. er seine Tätigkeit als Versicherungsvermittler ausschließlich im Auftrag eines oder, wenn die Versicherungsprodukte nicht in Konkurrenz stehen, mehrerer im Inland zum Geschäftsbetrieb befugten Versicherungsunternehmen ausübt und
2. durch das oder die Versicherungsunternehmen für ihn die uneingeschränkte Haftung aus seiner Vermittlertätigkeit übernommen wird.

(5) Keiner Erlaubnis bedarf ein Versicherungsvermittler nach Abs. 1 Satz 1, wenn er in einem anderen Mitgliedstaat der Europäischen Union oder in einem anderen Vertragsstaat des Abkommens über den Europäischen Wirtschaftsraum niedergelassen ist und die Eintragung in ein Register nach Artikel 3 der Richtlinie 2002/92/EG des Europäischen Parlaments und des Rates vom 9. Dezember 2002 über Versicherungsvermittlung (ABl. EG 2003 Nr. L 9 S. 3) nachweisen kann.

(6) Gewerbetreibende nach den Absätzen 1, 3 und 4 dürfen direkt bei der Vermittlung mitwirkende Personen nur beschäftigen, wenn sie sicherstellen, dass diese Personen über die für die Vermittlung der jeweiligen Versicherung angemessene Qualifikation verfügen, und geprüft haben, ob sie zuverlässig sind.

(7) Gewerbetreibende nach den Absätzen 1, 3 und 4 sind verpflichtet, sich unverzüglich nach Aufnahme ihrer Tätigkeit in das Register nach § 11a Abs. 1 eintragen zu lassen. Wesentliche Änderungen der im Register gespeicherten Angaben sind der Registerbehörde unverzüglich mitzuteilen. Im Falle des § 80 Abs. 3 des Versicherungsaufsichtsgesetzes wird mit der Mitteilung an die Registerbehörde zugleich die uneingeschränkte Haftung nach Abs. 4 Nr. 2 durch das Versicherungsunternehmen übernommen. Diese Haftung besteht nicht für Vermittlertätigkeiten nach Löschung der Angaben zu dem Gewerbetreibenden aus dem Register auf Grund einer Mitteilung nach § 80 Abs. 4 des Versicherungsaufsichtsgesetzes.

(8) Das Bundesministerium für Wirtschaft und Technologie kann im Einvernehmen mit dem Bundesministerium der Justiz, dem Bundesministerium der Finanzen und dem Bundesministerium für Ernährung, Landwirtschaft und Verbraucherschutz durch Rechtsverordnung mit Zustimmung des Bundesrates zur Umsetzung der Richtlinie 2002/92/EG, zur Umsetzung der Richtlinie 2005/36/EG des Europäischen Parlaments und des Rates vom 7. September 2005 über die Anerkennung von Berufsqualifikationen (ABl. EU Nr. L 255 S. 22, 2007 Nr. L 271 S. 18) oder zum Schutze der Allgemeinheit und der Versicherungsnehmer Vorschriften erlassen über

1. den Umfang der Verpflichtungen des Versicherungsvermittlers bei der Ausübung des Gewerbes, insbesondere über
   a. die Informationspflichten gegenüber dem Versicherungsnehmer,
   b. die Verpflichtung, ausreichende Sicherheiten zu leisten oder eine zu diesem Zweck geeignete Versicherung abzuschließen, sofern der Versicherungsvermittler Vermögenswerte des Versicherungsnehmers oder für diesen bestimmte Vermögenswerte erhält oder verwendet,
2. die Inhalte und das Verfahren für eine Sachkundeprüfung nach Abs. 2 Nr. 4, die Ausnahmen von der Erforderlichkeit der Sachkundeprüfung sowie die Gleichstellung anderer Berufsqualifikationen mit der Sachkundeprüfung, die örtliche Zuständigkeit der Industrie- und Handelskammern, die Berufung eines Aufgabenauswahlausschusses,
3. Umfang und inhaltliche Anforderungen an die nach Abs. 2 Nr. 3 erforderliche Haftpflichtversicherung, insbesondere die Höhe der Mindestversicherungssummen, die Bestimmung der zuständigen Stelle im Sinne des § 117 Abs. 2 des Versicherungsver-

tragsgesetzes, über den Nachweis des Bestehens einer Haftpflichtversicherung und Anzeigepflichten des Versicherungsunternehmens gegenüber den Behörden und den Versicherungsnehmern,
4. die Anforderungen und Verfahren, die zur Durchführung der Richtlinie 2005/36/EG Anwendung finden sollen auf Inhaber von in einem Mitgliedstaat der Europäischen Union oder eines Vertragsstaates des Abkommens über den Europäischen Wirtschaftsraum erworbenen Berufsqualifikationen, die im Inland vorübergehend oder dauerhaft als Versicherungsvermittler tätig werden wollen, und nicht die Voraussetzungen des Absatzes 5 erfüllen.

In der Rechtsverordnung nach Satz 1 kann ferner die Befugnis des Versicherungsvermittlers zur Entgegennahme und zur Verwendung von Vermögenswerten des Versicherungsnehmers oder für diesen bestimmten Vermögenswerten beschränkt werden, soweit dies zum Schutze des Versicherungsnehmers erforderlich ist. In der Rechtsverordnung nach Satz 1 kann bestimmt werden, dass über die Erfüllung der Verpflichtungen nach Satz 1 Nr. 1 Buchstabe b Aufzeichnungen zu führen sind und die Einhaltung der Verpflichtungen nach Satz 1 Nr. 1 Buchstabe b auf Kosten des Versicherungsvermittlers regelmäßig oder aus besonderem Anlass zu überprüfen und der Prüfungsbericht der zuständigen Behörde vorzulegen ist, soweit es zur wirksamen Überwachung erforderlich ist; hierbei können die Einzelheiten der Prüfung, insbesondere deren Anlass, Zeitpunkt und Häufigkeit, die Auswahl, Bestellung und Abberufung der Prüfer, deren Rechte, Pflichten und Verantwortlichkeit, der Inhalt des Prüfberichts, die Verpflichtungen des Versicherungsvermittlers gegenüber dem Prüfer sowie das Verfahren bei Meinungsverschiedenheiten zwischen dem Prüfer und dem Versicherungsvermittler, geregelt werden.

(9) Die Absätze 1 bis 8 gelten nicht

1. für Gewerbetreibende, wenn
    a. sie nicht hauptberuflich Versicherungen vermitteln,
    b. sie ausschließlich Versicherungsverträge vermitteln, für die nur Kenntnisse des angebotenen Versicherungsschutzes erforderlich sind,
    c. sie keine Lebensversicherungen oder Versicherungen zur Abdeckung von Haftpflichtrisiken vermitteln,
    d. die Versicherung eine Zusatzleistung zur Lieferung einer Ware oder der Erbringung einer Dienstleistung darstellt und entweder das Risiko eines Defekts, eines Verlusts oder einer Beschädigung von Gütern abdeckt oder die Beschädigung, den Verlust von Gepäck oder andere Risiken im Zusammenhang mit einer bei dem Gewerbetreibenden gebuchten Reise, einschließlich Haftpflicht- oder Unfallversicherungsrisiken, sofern die Deckung zusätzlich zur Hauptversicherungsdeckung für Risiken im Zusammenhang mit dieser Reise gewährt wird,
    e. die Jahresprämie einen Betrag von 500 € nicht übersteigt und
    f. die Gesamtlaufzeit einschließlich etwaiger Verlängerungen nicht mehr als fünf Jahre beträgt;

2. für Gewerbetreibende, die als Bausparkasse oder als von einer Bausparkasse beauftragter Vermittler für Bausparer als Bestandteile der Bausparverträge Versicherungen im Rahmen eines Kollektivvertrages vermitteln, die ausschließlich dazu bestimmt sind, die Rückzahlungsforderungen der Bausparkasse aus gewährten Darlehen abzusichern;
3. für Gewerbetreibende, die als Zusatzleistung zur Lieferung einer Ware oder der Erbringung einer Dienstleistung im Zusammenhang mit Darlehens- und Leasingverträgen Restschuldversicherungen vermitteln, deren Jahresprämie einen Betrag von 500 € nicht übersteigt.

(10) Die Vorschriften für Versicherungsvermittler gelten auch für Rückversicherungsvermittler.

(11) Die Absätze 1 bis 4, 6, 7 und 9 gelten nicht für Gewerbetreibende, die

a. als natürliche Person ihren Wohnsitz in einem anderen Mitgliedstaat der Europäischen Union oder einem anderen Vertragsstaat des Abkommens über den Europäischen Wirtschaftsraum haben und dort die Tätigkeit der Versicherungsvermittlung ausüben oder
b. als juristische Person ihren satzungsmäßigen Sitz oder, wenn sie gemäß dem für sie geltenden einzelstaatlichen Recht keinen satzungsmäßigen Sitz haben, ihren Hauptverwaltungssitz in einem anderen Mitgliedstaat der Europäischen Union oder einem anderen Vertragsstaat des Abkommens über den Europäischen Wirtschaftsraum haben.

§ 34e Versicherungsberater
(1) Wer gewerbsmäßig Dritte über Versicherungen beraten will, ohne von einem Versicherungsunternehmen einen wirtschaftlichen Vorteil zu erhalten oder von ihm in anderer Weise abhängig zu sein (Versicherungsberater), bedarf der Erlaubnis der zuständigen Industrie- und Handelskammer. Die Erlaubnis kann inhaltlich beschränkt und mit Auflagen verbunden werden, soweit dies zum Schutze der Allgemeinheit oder der Versicherungsnehmer erforderlich ist; unter denselben Voraussetzungen ist auch die nachträgliche Aufnahme, Änderung und Ergänzung von Auflagen zulässig. Die Erlaubnis beinhaltet die Befugnis, Dritte bei der Vereinbarung, Änderung oder Prüfung von Versicherungsverträgen oder bei der Wahrnehmung von Ansprüchen aus dem Versicherungsvertrag im Versicherungsfall rechtlich zu beraten und gegenüber dem Versicherungsunternehmen außergerichtlich zu vertreten. Bei der Wahrnehmung ihrer Aufgaben nach den Sätzen 1 und 2 unterliegt die Industrie- und Handelskammer der Aufsicht der obersten Landesbehörde.
(2) § 34d Abs. 2 und 5 bis 8 und 11 sowie die auf Grund des § 34d Abs. 8 erlassenen Rechtsvorschriften gelten entsprechend.
(3) Versicherungsberater dürfen keine Provision von Versicherungsunternehmen entgegennehmen. Das Bundesministerium für Wirtschaft und Technologie kann im Einvernehmen mit dem Bundesministerium der Justiz durch Rechtsverordnung mit Zustimmung des Bundesrates zum Schutze der Allgemeinheit und der Versicherungsnehmer nähere Vorschriften über das Provisionsannahmeverbot erlassen. In der Rechtsverordnung nach

Satz 2 kann insbesondere bestimmt werden, dass die Einhaltung des Provisionsannahmeverbotes auf Kosten des Versicherungsberaters regelmäßig oder aus besonderem Anlass zu überprüfen und der Prüfungsbericht der zuständigen Behörde vorzulegen ist, soweit es zur wirksamen Überwachung erforderlich ist; hierbei können die Einzelheiten der Prüfung, insbesondere deren Anlass, Zeitpunkt und Häufigkeit, die Auswahl, Bestellung und Abberufung der Prüfer, deren Rechte, Pflichten und Verantwortlichkeit, der Inhalt des Prüfberichts, die Verpflichtungen des Versicherungsberaters gegenüber dem Prüfer sowie das Verfahren bei Meinungsverschiedenheiten zwischen dem Prüfer und dem Versicherungsberater, geregelt werden. Zur Überwachung des Provisionsannahmeverbotes kann in der Rechtsverordnung bestimmt werden, dass der Versicherungsberater über die Einnahmen aus seiner Tätigkeit Aufzeichnungen zu führen hat.

§ 34f Finanzanlagenvermittler
(1) Wer im Umfang der Bereichsausnahme des § 2 Abs. 6 Satz 1 Nr. 8 des Kreditwesengesetzes gewerbsmäßig zu

1. Anteile oder Aktien an inländischen offenen Investmentvermögen, offenen EU-Investmentvermögen oder ausländischen offenen Investmentvermögen, die nach dem Kapitalanlagegesetzbuch vertrieben werden dürfen,
2. Anteile oder Aktien an inländischen geschlossenen Investmentvermögen, geschlossenen EU-Investmentvermögen oder ausländischen geschlossenen Investmentvermögen, die nach dem Kapitalanlagegesetzbuch vertrieben werden dürfen,
3. Vermögensanlagen im Sinne des § 1 Abs. 2 des Vermögensanlagengesetzes

Anlageberatung im Sinne des § 1 Abs. 1a Nr. 1a des Kreditwesengesetzes erbringen oder den Abschluss von Verträgen über den Erwerb solcher Finanzanlagen vermitteln will (Finanzanlagenvermittler), bedarf der Erlaubnis der zuständigen Behörde. Die Erlaubnis kann inhaltlich beschränkt oder mit Auflagen verbunden werden, soweit dies zum Schutz der Allgemeinheit oder der Anleger erforderlich ist; unter denselben Voraussetzungen sind auch die nachträgliche Aufnahme, Änderung und Ergänzung von Auflagen zulässig. Die Erlaubnis nach Satz 1 kann auf die Anlageberatung zu und die Vermittlung von Verträgen über den Erwerb von einzelnen Kategorien von Finanzanlagen nach Nr. 1, 2 oder 3 beschränkt werden.

(2) Die Erlaubnis ist zu versagen, wenn

1. Tatsachen die Annahme rechtfertigen, dass der Antragsteller oder eine der mit der Leitung des Betriebs oder einer Zweigniederlassung beauftragten Personen die für den Gewerbebetrieb erforderliche Zuverlässigkeit nicht besitzt; die erforderliche Zuverlässigkeit besitzt in der Regel nicht, wer in den letzten fünf Jahren vor Stellung des Antrags wegen eines Verbrechens oder wegen Diebstahls, Unterschlagung, Erpressung, Betrugs, Untreue, Geldwäsche, Urkundenfälschung, Hehlerei, Wuchers oder einer Insolvenzstraftat rechtskräftig verurteilt worden ist,

2. der Antragsteller in ungeordneten Vermögensverhältnissen lebt; dies ist in der Regel der Fall, wenn über das Vermögen des Antragstellers das Insolvenzverfahren eröffnet worden oder er in das vom Insolvenzgericht oder vom Vollstreckungsgericht zu führende Verzeichnis (§ 26 Abs. 2 der Insolvenzordnung, § 882b der Zivilprozessordnung) eingetragen ist,
3. der Antragsteller den Nachweis einer Berufshaftpflichtversicherung nicht erbringen kann oder
4. der Antragsteller nicht durch eine vor der Industrie- und Handelskammer erfolgreich abgelegte Prüfung nachweist, dass er die für die Vermittlung von und Beratung über Finanzanlagen im Sinne des Absatzes 1 Satz 1 notwendige Sachkunde über die fachlichen und rechtlichen Grundlagen sowie über die Kundenberatung besitzt; die Sachkunde ist dabei im Umfang der beantragten Erlaubnis nachzuweisen.

(3) Keiner Erlaubnis nach Abs. 1 bedürfen

1. Kreditinstitute, für die eine Erlaubnis nach § 32 Abs. 1 des Kreditwesengesetzes erteilt wurde, und Zweigstellen von Unternehmen im Sinne des § 53b Abs. 1 Satz 1 des Kreditwesengesetzes,
2. Kapitalverwaltungsgesellschaften, für die eine Erlaubnis nach § 7 Abs. 1 des Investmentgesetzes in der bis zum 21. Juli 2013 geltenden Fassung erteilt wurde, die für den in § 345 Abs. 2 Satz 1, Abs. 3 Satz 2 in Verbindung mit Abs. 2 Satz 1, oder Abs. 4 Satz 1 des Kapitalanlagegesetzbuchs vorgesehenen Zeitraum noch fortbesteht oder Kapitalverwaltungsgesellschaften, für die eine Erlaubnis nach den §§ 20, 21 oder §§ 20, 22 des Kapitalanlagegesetzbuchs erteilt wurde, ausländische AIF-Verwaltungsgesellschaften, für die eine Erlaubnis nach § 58 des Kapitalanlagegesetzbuchs erteilt wurde und Zweigniederlassungen von Unternehmen im Sinne von § 51 Abs. 1 Satz 1, § 54 Abs. 1 oder § 66 Abs. 1 des Kapitalanlagegesetzbuchs,
3. Finanzdienstleistungsinstitute in Bezug auf Vermittlungstätigkeiten oder Anlageberatung, für die ihnen eine Erlaubnis nach § 32 Abs. 1 des Kreditwesengesetzes erteilt wurde oder für die eine Erlaubnis nach § 64e Abs. 2, § 64i Abs. 1, § 64m oder § 64n des Kreditwesengesetzes als erteilt gilt,
4. Gewerbetreibende in Bezug auf Vermittlungs- und Beratungstätigkeiten nach Maßgabe des § 2 Abs. 10 Satz 1 des Kreditwesengesetzes.

(4) Gewerbetreibende nach Abs. 1 dürfen direkt bei der Beratung und Vermittlung mitwirkende Personen nur beschäftigen, wenn sie sicherstellen, dass diese Personen über einen Sachkundenachweis nach Abs. 2 Nr. 4 verfügen und geprüft haben, ob sie zuverlässig sind. Die Beschäftigung einer direkt bei der Beratung und Vermittlung mitwirkenden Person kann dem Gewerbetreibenden untersagt werden, wenn Tatsachen die Annahme rechtfertigen, dass die Person die für ihre Tätigkeit erforderliche Sachkunde oder Zuverlässigkeit nicht besitzt.

(5) Gewerbetreibende nach Abs. 1 sind verpflichtet, sich unverzüglich nach Aufnahme ihrer Tätigkeit über die für die Erlaubniserteilung zuständige Behörde entsprechend dem Umfang der Erlaubnis in das Register nach § 11a Abs. 1 eintragen zu lassen; ebenso sind Änderungen der im Register gespeicherten Angaben der Registerbehörde unverzüglich mitzuteilen.

(6) Gewerbetreibende nach Abs. 1 haben die unmittelbar bei der Beratung und Vermittlung mitwirkenden Personen im Sinne des Absatzes 4 unverzüglich nach Aufnahme ihrer Tätigkeit bei der Registerbehörde zu melden und eintragen zu lassen. Änderungen der im Register gespeicherten Angaben sind der Registerbehörde unverzüglich mitzuteilen.

§ 157 Übergangsregelungen zu den §§ 34c und 34f

(1) Für einen Gewerbetreibenden, der am 1. November 2007 eine Erlaubnis für die Vermittlung des Abschlusses von Verträgen im Sinne des § 34c Abs. 1 Satz 1 Nr. 1 Buchstabe b in der bis zum 31. Oktober 2007 geltenden Fassung hat, gilt die Erlaubnis für die Anlageberatung im Sinne des § 34c Abs. 1 Satz 1 Nr. 3 in der ab dem 1. November 2007 geltenden Fassung als zu diesem Zeitpunkt erteilt.

(2) Gewerbetreibende, die am 1. Januar 2013 eine Erlaubnis für die Vermittlung des Abschlusses von Verträgen im Sinne des § 34c Abs. 1 Satz 1 Nr. 2 oder für die Anlageberatung nach § 34c Abs. 1 Satz 1 Nr. 3 haben und diese Tätigkeit nach dem 1. Januar 2013 weiterhin ausüben wollen, sind verpflichtet, bis zum 1. Juli 2013 eine Erlaubnis als Finanzanlagenvermittler nach § 34f Abs. 1 zu beantragen und sich selbst sowie die nach § 34f Abs. 6 einzutragenden Personen nach Erteilung der Erlaubnis gemäß § 34f Abs. 5 registrieren zu lassen. Die für die Erlaubniserteilung zuständige Stelle übermittelt dazu die erforderlichen Informationen an die Registerbehörde. Wird die Erlaubnis unter Vorlage der bisherigen Erlaubnisurkunde gemäß § 34c Abs. 1 Satz 1 Nr. 2 oder Nr. 3 beantragt, so erfolgt keine Prüfung der Zuverlässigkeit und der Vermögensverhältnisse nach § 34f Abs. 2 Nr. 1 und 2. Für den Nachweis der nach § 34f Abs. 2 Nr. 4 erforderlichen Sachkunde gilt Abs. 3. Die Erlaubnis nach § 34c Abs. 1 Satz 1 Nr. 2 oder Nr. 3 erlischt mit der bestandskräftigen Entscheidung über den Erlaubnisantrag nach § 34f Abs. 1 Satz 1, spätestens aber mit Ablauf der in Satz 1 genannten Frist. Bis zu diesem Zeitpunkt gilt die Erlaubnis nach § 34c Abs. 1 Satz 1 Nr. 2 oder Nr. 3 als Erlaubnis nach § 34f Abs. 1 Satz 1.

(3) Gewerbetreibende im Sinne des Absatzes 2 sind verpflichtet, bis zum 1. Januar 2015 einen Sachkundenachweis nach § 34f Abs. 2 Nr. 4 gegenüber der zuständigen Behörde zu erbringen. Die Erlaubnis nach § 34f Abs. 1 Satz 1 erlischt, wenn der erforderliche Sachkundenachweis nach § 34f Abs. 2 Nr. 4 nicht bis zum Ablauf dieser Frist erbracht wird. Beschäftigte im Sinne des § 34f Absatz 4 sind verpflichtet, bis zum 1. Januar 2015 einen Sachkundenachweis nach § 34f Abs. 2 Nr. 4 zu erwerben. Personen, die seit dem 1. Januar 2006 ununterbrochen unselbstständig oder selbstständig als Anlagevermittler oder Anlageberater gemäß § 34c Abs. 1 Satz 1 Nr. 2 oder Nr. 3 in der bis zum 31. Dezember 2012 geltenden Fassung tätig waren, bedürfen keiner Sachkundeprüfung. Selbstständig tätige Anlagevermittler oder Anlageberater haben die ununterbrochene Tätigkeit durch Vorlage der erteilten Erlaubnis und die lückenlose Vorlage der Prüfungsberichte nach § 16 Abs. 1 Satz 1 der Makler- und Bauträgerverordnung in der am 31. Dezember 2012 geltenden Fassung nachzuweisen.

Kapitalanlagegesetzbuch (KAGB)

§ 1 Begriffsbestimmungen

(1) Investmentvermögen ist jeder Organismus für gemeinsame Anlagen, der von einer Anzahl von Anlegern Kapital einsammelt, um es gemäß einer festgelegten Anlagestrategie zum Nutzen dieser Anleger zu investieren und der kein operativ tätiges Unternehmen außerhalb des Finanzsektors ist. Eine Anzahl von Anlegern im Sinne des Satzes 1 ist gegeben, wenn die Anlagebedingungen, die Satzung oder der Gesellschaftsvertrag des Organismus für gemeinsame Anlagen die Anzahl möglicher Anleger nicht auf einen Anleger begrenzen.

(2) **Organismen für gemeinsame Anlagen in Wertpapieren (OGAW)** sind Investmentvermögen, die die Anforderungen der Richtlinie 2009/65/EG des Europäischen Parlaments und des Rates vom 13. Juli 2009 zur Koordinierung der Rechts- und Verwaltungsvorschriften betreffend bestimmte Organismen für gemeinsame Anlagen in Wertpapieren (OGAW) (ABl. L 302 vom 17.11.2009, S. 1) erfüllen.

(3) **Alternative Investmentfonds (AIF)** sind alle Investmentvermögen, die keine OGAW sind.

(4) Offene Investmentvermögen sind

1. OGAW und
2. AIF, deren Anleger oder Aktionäre mindestens einmal pro Jahr das Recht zur Rückgabe gegen Auszahlung ihrer Anteile oder Aktien aus dem AIF haben; Mindesthaltefristen und die Möglichkeit der Aussetzung oder Beschränkung der Rücknahme der Anteile oder Aktien werden hierbei nicht berücksichtigt.

(5) Geschlossene AIF sind alle AIF, die keine offenen AIF sind.

(6) Spezial-AIF sind AIF, deren Anteile auf Grund von schriftlichen Vereinbarungen mit der Verwaltungsgesellschaft oder auf Grund der konstituierenden Dokumente des AIF nur erworben werden dürfen von

1. professionellen Anlegern im Sinne des Absatzes 19 Nr. 32 und
2. semiprofessionellen Anlegern im Sinne des Absatzes 19 Nr. 33.

Alle übrigen Investmentvermögen sind Publikumsinvestmentvermögen.

(7) Inländische Investmentvermögen sind Investmentvermögen, die dem inländischen Recht unterliegen.

(8) EU-Investmentvermögen sind Investmentvermögen, die dem Recht eines anderen Mitgliedstaates der Europäischen Union oder eines anderen Vertragsstaates des Abkommens über den Europäischen Wirtschaftsraum unterliegen.

(9) Ausländische AIF sind AIF, die dem Recht eines Drittstaates unterliegen.

(10) Sondervermögen sind inländische offene Investmentvermögen in Vertragsform, die von einer Verwaltungsgesellschaft für Rechnung der Anleger nach Maßgabe dieses Gesetzes und den Anlagebedingungen, nach denen sich das Rechtsverhältnis der Verwaltungsgesellschaft zu den Anlegern bestimmt, verwaltet werden.
(11) Investmentgesellschaften sind Investmentvermögen in der Rechtsform einer Investmentaktiengesellschaft oder Investmentkommanditgesellschaft.
(12) Intern verwaltete Investmentgesellschaften sind Investmentgesellschaften, die keine externe Verwaltungsgesellschaft bestellt haben.
(13) Extern verwaltete Investmentgesellschaften sind Investmentgesellschaften, die eine externe Verwaltungsgesellschaft bestellt haben.
(14) Verwaltungsgesellschaften sind AIF-Verwaltungsgesellschaften und OGAW-Verwaltungsgesellschaften. AIF-Verwaltungsgesellschaften sind AIF-Kapitalverwaltungsgesellschaften, EU-AIF-Verwaltungsgesellschaften und ausländische AIF-Verwaltungsgesellschaften. OGAW-Verwaltungsgesellschaften sind OGAW-Kapitalverwaltungsgesellschaften und EU-OGAW-Verwaltungsgesellschaften.
(15) OGAW-Kapitalverwaltungsgesellschaften sind Kapitalverwaltungsgesellschaften gemäß § 17, die mindestens einen OGAW verwalten oder zu verwalten beabsichtigen.
(16) AIF-Kapitalverwaltungsgesellschaften sind Kapitalverwaltungsgesellschaften gemäß § 17, die mindestens einen AIF verwalten oder zu verwalten beabsichtigen.
(17) EU-Verwaltungsgesellschaften sind Unternehmen mit Sitz in einem anderen Mitgliedstaat der Europäischen Union oder einem anderen Vertragsstaat des Abkommens über den Europäischen Wirtschaftsraum, die den Anforderungen

1. an eine Verwaltungsgesellschaft oder an eine intern verwaltete Investmentgesellschaft im Sinne der Richtlinie 2009/65/EG oder
2. an einen Verwalter alternativer Investmentfonds im Sinne der Richtlinie 2011/61/EU des Europäischen Parlaments und des Rates vom 8. Juni 2011 über die Verwalter alternativer Investmentfonds und zur Änderung der Richtlinien 2003/41/EG und 2009/65/EG und der Verordnungen (EG) Nr. 1060/2009 und (EU) Nr. 1095/2010 (ABl. L 174 vom 1.7.2011, S. 1)

entsprechen.

(18) Ausländische AIF-Verwaltungsgesellschaften sind Unternehmen mit Sitz in einem Drittstaat, die den Anforderungen an einen Verwalter alternativer Investmentfonds im Sinne der Richtlinie 2011/61/EU entsprechen…
…
31. Privatanleger sind alle Anleger, die weder professionelle noch semiprofessionelle Anleger sind.
32. Professioneller Anleger ist jeder Anleger, der im Sinne von Anhang II der Richtlinie 2004/39/EG als professioneller Kunde angesehen wird oder auf Antrag als ein professioneller Kunde behandelt werden kann.
33. Semiprofessioneller Anleger ist

a. jeder Anleger,
   aa) der sich verpflichtet, mindestens 200.000 € zu investieren,
   bb) der schriftlich in einem vom Vertrag über die Investitionsverpflichtung getrennten Dokument angibt, dass er sich der Risiken im Zusammenhang mit der beabsichtigten Verpflichtung oder Investition bewusst ist,
   cc) dessen Sachverstand, Erfahrungen und Kenntnisse die AIF-Verwaltungsgesellschaft oder die von ihr beauftragte Vertriebsgesellschaft bewertet, ohne von der Annahme auszugehen, dass der Anleger über die Marktkenntnisse und -erfahrungen der in Anhang II Abschnitt I der Richtlinie 2004/39/EG genannten Anleger verfügt,
   dd) bei dem die AIF-Verwaltungsgesellschaft oder die von ihr beauftragte Vertriebsgesellschaft unter Berücksichtigung der Art der beabsichtigten Verpflichtung oder Investition hinreichend davon überzeugt ist, dass er in der Lage ist, seine Anlageentscheidungen selbst zu treffen und die damit einhergehenden Risiken versteht und dass eine solche Verpflichtung für den betreffenden Anleger angemessen ist, und
   ee) dem die AIF-Verwaltungsgesellschaft oder die von ihr beauftragte Vertriebsgesellschaft schriftlich bestätigt, dass sie die unter Doppelbuchstabe cc genannte Bewertung vorgenommen hat und die unter Doppelbuchstabe dd genannten Voraussetzungen gegeben sind,
b. ein in § 37 Absatz 1 genannter Geschäftsleiter oder Mitarbeiter der AIF-Verwaltungsgesellschaft, sofern er in von der AIF-Verwaltungsgesellschaft verwaltete AIF investiert, oder ein Mitglied der Geschäftsführung oder des Vorstands einer extern verwalteten Investmentgesellschaft, sofern es in die extern verwaltete Investmentgesellschaft investiert,
c. jeder Anleger, der sich verpflichtet, mindestens 10 Mio. € in ein Investmentvermögen zu investieren....

Gesetz über das Kreditwesen (Kreditwesengesetz – KWG)

§ 2 Ausnahmen

...

(6) Als Finanzdienstleistungsinstitute gelten nicht

1. die Deutsche Bundesbank;
2. die Kreditanstalt für Wiederaufbau;
3. die öffentliche Schuldenverwaltung des Bundes, eines seiner Sondervermögen, eines Landes oder eines anderen Staates des Europäischen Wirtschaftsraums und deren Zentralbanken;
4. private und öffentlich-rechtliche Versicherungsunternehmen;
5. Unternehmen, die Finanzdienstleistungen im Sinne des § 1 Abs. 1a Satz 2 ausschließlich innerhalb der Unternehmensgruppe erbringen;
5a. Kapitalverwaltungsgesellschaften und extern verwaltete Investmentgesellschaften, sofern sie die kollektive Vermögensverwaltung erbringen oder neben der kollektiven

Vermögensverwaltung ausschließlich die in § 20 Abs. 2 und 3 des Kapitalanlagegesetzbuchs aufgeführten Dienstleistungen oder Nebendienstleistungen als Finanzdienstleistungen erbringen;

5b. EU-Verwaltungsgesellschaften und ausländische AIF-Verwaltungsgesellschaften, sofern sie die kollektive Vermögensverwaltung erbringen oder neben der kollektiven Vermögensverwaltung ausschließlich die in Artikel 6 Abs. 3 der Richtlinie 2009/65/EG oder die in Artikel 6 Abs. 4 der Richtlinie 2011/61/EU aufgeführten Dienstleistungen oder Nebendienstleistungen als Finanzdienstleistungen erbringen;

6. Unternehmen, deren Finanzdienstleistung für andere ausschließlich in der Verwaltung eines Systems von Arbeitnehmerbeteiligungen an den eigenen oder an mit ihnen verbundenen Unternehmen besteht;

7. Unternehmen, die ausschließlich Finanzdienstleistungen im Sinne sowohl der Nr. 5 als auch der Nr. 6 erbringen;

8. Unternehmen, die als Finanzdienstleistungen für andere ausschließlich die Anlageberatung und die Anlage- und Abschlussvermittlung zwischen Kunden und
   a. inländischen Instituten,
   b. Instituten oder Finanzunternehmen mit Sitz in einem anderen Staat des Europäischen Wirtschaftsraums, die die Voraussetzungen nach § 53b Abs. 1 Satz 1 oder Abs. 7 erfüllen,
   c. Unternehmen, die auf Grund einer Rechtsverordnung nach § 53c gleichgestellt oder freigestellt sind,
   d. Kapitalverwaltungsgesellschaften, extern verwalteten Investmentgesellschaften, EU-Verwaltungsgesellschaften oder ausländischen AIF-Verwaltungsgesellschaften oder
   e. Anbietern oder Emittenten von Vermögensanlagen im Sinne des § 1 Abs. 2 des Vermögensanlagengesetzes
   betreiben, sofern sich diese Finanzdienstleistungen auf Anteile oder Aktien an inländischen Investmentvermögen, die von einer Kapitalverwaltungsgesellschaft ausgegeben werden, die eine Erlaubnis nach § 7 oder § 97 Abs. 1 des Investmentgesetzes in der bis zum 21. Juli 2013 geltenden Fassung erhalten hat, die für den in § 345 Abs. 2 Satz 1, Abs. 3 Satz 2, in Verbindung mit Abs. 2 Satz 1, oder Abs. 4 Satz 1 des Kapitalanlagegesetzbuchs vorgesehenen Zeitraum noch fortbesteht oder eine Erlaubnis nach den §§ 20, 21 oder §§ 20, 22 des Kapitalanlagegesetzbuchs erhalten hat oder auf Anteile oder Aktien an EU-Investmentvermögen oder ausländischen AIF, die nach dem Kapitalanlagegesetzbuch vertrieben werden dürfen, oder auf Vermögensanlagen im Sinne des § 1 Abs. 2 des Vermögensanlagengesetzes beschränken und die Unternehmen nicht befugt sind, sich bei der Erbringung dieser Finanzdienstleistungen Eigentum oder Besitz an Geldern oder Anteilen von Kunden zu verschaffen, es sei denn, das Unternehmen beantragt und erhält eine entsprechende Erlaubnis nach § 32 Abs. 1; Anteile oder Aktien an Hedgefonds im Sinne von § 283 des Kapitalanlagegesetzbuchs gelten nicht als Anteile an Investmentvermögen im Sinne dieser Vorschrift;…

(10) Ein Unternehmen, das keine Bankgeschäfte im Sinne des § 1 Abs. 1 Satz 2 betreibt und als Finanzdienstleistungen nur die Anlage- oder Abschlussvermittlung, das Platzierungsgeschäft oder die Anlageberatung ausschließlich für Rechnung und unter der Haftung eines Einlagenkreditinstituts oder eines Wertpapierhandelsunternehmens, das seinen Sitz im Inland hat oder nach § 53b Abs. 1 Satz 1 oder Abs. 7 im Inland tätig ist, erbringt (vertraglich gebundener Vermittler), gilt nicht als Finanzdienstleistungsinstitut, sondern als Finanzunternehmen, wenn das Einlagenkreditinstitut oder Wertpapierhandelsunternehmen als das haftende Unternehmen dies der Bundesanstalt anzeigt. Die Tätigkeit des vertraglich gebundenen Vermittlers wird dem haftenden Unternehmen zugerechnet. Ändern sich die von dem haftenden Unternehmen angezeigten Verhältnisse, sind die neuen Verhältnisse unverzüglich der Bundesanstalt anzuzeigen. Für den Inhalt der Anzeigen nach den Sätzen 1 und 3 und die beizufügenden Unterlagen und Nachweise können durch Rechtsverordnung nach § 24 Abs. 4 nähere Bestimmungen getroffen werden. Die Bundesanstalt übermittelt die Anzeigen nach den Sätzen 1 und 3 der Deutschen Bundesbank. Die Bundesanstalt führt über die ihr angezeigten vertraglich gebundenen Vermittler nach diesem Absatz ein öffentliches Register im Internet, das das haftende Unternehmen, die vertraglich gebundenen Vermittler, das Datum des Beginns und des Endes der Tätigkeit nach Satz 1 ausweist. Für die Voraussetzungen zur Aufnahme in das Register, den Inhalt und die Führung des Registers können durch Rechtsverordnung nach § 24 Abs. 4 nähere Bestimmungen getroffen werden, insbesondere kann dem haftenden Unternehmen ein schreibender Zugriff auf die für dieses Unternehmen einzurichtende Seite des Registers eingeräumt und ihm die Verantwortlichkeit für die Richtigkeit und Aktualität dieser Seite übertragen werden. Die Bundesanstalt kann einem haftenden Unternehmen, das die Auswahl oder Überwachung seiner vertraglich gebundenen Vermittler nicht ordnungsgemäß durchgeführt hat oder die ihm im Zusammenhang mit der Führung des Registers übertragenen Pflichten verletzt hat, untersagen, vertraglich gebundene Vermittler im Sinne der Sätze 1 und 2 in das Unternehmen einzubinden.

§ 32 Erlaubnis
(1) Wer im Inland gewerbsmäßig oder in einem Umfang, der einen in kaufmännischer Weise eingerichteten Geschäftsbetrieb erfordert, Bankgeschäfte betreiben oder Finanzdienstleistungen erbringen will, bedarf der schriftlichen Erlaubnis der Bundesanstalt; § 37 Abs. 4 des Verwaltungsverfahrensgesetzes ist anzuwenden. Der Erlaubnisantrag muss enthalten

1. einen geeigneten Nachweis der zum Geschäftsbetrieb erforderlichen Mittel;
2. die Angabe der Geschäftsleiter;
3. die Angaben, die für die Beurteilung der Zuverlässigkeit der Antragsteller und der in § 1 Abs. 2 Satz 1 bezeichneten Personen erforderlich sind;
4. die Angaben, die für die Beurteilung der zur Leitung des Instituts erforderlichen fachlichen Eignung der Inhaber und der in § 1 Abs. 2 Satz 1 bezeichneten Personen erforderlich sind;

5. einen tragfähigen Geschäftsplan, aus dem die Art der geplanten Geschäfte, der organisatorische Aufbau und die geplanten internen Kontrollverfahren des Instituts hervorgehen;
6. sofern an dem Institut bedeutende Beteiligungen gehalten werden:
   a. die Angabe der Inhaber bedeutender Beteiligungen,
   b. die Höhe dieser Beteiligungen,
   c. die für die Beurteilung der Zuverlässigkeit dieser Inhaber oder gesetzlichen Vertreter oder persönlich haftenden Gesellschafter erforderlichen Angaben,
   d. sofern diese Inhaber Jahresabschlüsse aufzustellen haben: die Jahresabschlüsse der letzten drei Geschäftsjahre nebst Prüfungsberichten von unabhängigen Abschlussprüfern, sofern solche zu erstellen sind, und
   e. sofern diese Inhaber einem Konzern angehören: die Angabe der Konzernstruktur und, sofern solche Abschlüsse aufzustellen sind, die konsolidierten Konzernabschlüsse der letzten drei Geschäftsjahre nebst Prüfungsberichten von unabhängigen Abschlußprüfern, sofern solche zu erstellen sind;
7. die Angabe der Tatsachen, die auf eine enge Verbindung zwischen dem Institut und anderen natürlichen Personen oder anderen Unternehmen hinweisen;
8. die Angabe der Mitglieder des Verwaltungs- oder Aufsichtsorgans nebst der zur Beurteilung ihrer Zuverlässigkeit und Sachkunde erforderlichen Tatsachen.

Die nach Satz 2 einzureichenden Anzeigen und vorzulegenden Unterlagen sind durch Rechtsverordnung nach § 24 Abs. 4 näher zu bestimmen. Die Pflichten nach Satz 2 Nr. 6 Buchstabe d und e bestehen nicht für Finanzdienstleistungsinstitute.

(1a) Wer neben dem Betreiben von Bankgeschäften oder der Erbringung von Finanzdienstleistungen im Sinne des § 1 Abs. 1a Satz 2 Nr. 1 bis 5 und 11 auch Finanzinstrumente für eigene Rechnung anschaffen oder veräußern will, ohne die Voraussetzungen für den Eigenhandel zu erfüllen (Eigengeschäft), bedarf auch hierfür der schriftlichen Erlaubnis der Bundesanstalt. Absatz 1 Satz 1 Halbsatz 2 und die Absätze 2, 4 und 5 sowie die §§ 33 bis 38 sind entsprechend anzuwenden.

(1b) Die Erlaubnis für das eingeschränkte Verwahrgeschäft im Sinne des § 1 Abs. 1a Satz 2 Nr. 12 kann nur erteilt werden, wenn die Erlaubnis zur Erbringung mindestens einer Finanzdienstleistung im Sinne des § 1 Abs. 1a Satz 2 Nr. 1 bis 4 oder zum Betreiben eines Bankgeschäfts im Sinne des § 1 Abs. 1 Satz 2 vorliegt oder gleichzeitig erteilt wird; mit Erlöschen oder Aufhebung dieser Erlaubnis erlischt die Erlaubnis für das eingeschränkte Verwahrgeschäft.

(2) Die Bundesanstalt kann die Erlaubnis unter Auflagen erteilen, die sich im Rahmen des mit diesem Gesetz verfolgten Zweckes halten müssen. Sie kann die Erlaubnis auf einzelne Bankgeschäfte oder Finanzdienstleistungen beschränken.

(3) Vor Erteilung der Erlaubnis hat die Bundesanstalt die für das Institut in Betracht kommende Sicherungseinrichtung zu hören.

(3a) Mit der Erteilung der Erlaubnis ist dem Institut, sofern es nach § 8 Abs. 1 des Einlagensicherungs- und Anlegerentschädigungsgesetzes beitragspflichtig ist, die Entschädigungseinrichtung mitzuteilen, der das Institut zugeordnet ist.

(4) Die Bundesanstalt hat die Erteilung der Erlaubnis im Bundesanzeiger bekannt zu machen.
(5) Die Bundesanstalt hat auf ihrer Internetseite ein Institutsregister zu führen, in das sie alle inländischen Institute, denen eine Erlaubnis nach Abs. 1, auch in Verbindung mit § 53 Abs. 1 und 2, erteilt worden ist, mit dem Datum der Erteilung und dem Umfang der Erlaubnis und gegebenenfalls dem Datum des Erlöschens oder der Aufhebung der Erlaubnis einzutragen hat. Das Bundesministerium der Finanzen kann durch Rechtsverordnung, die nicht der Zustimmung des Bundesrates bedarf, nähere Bestimmungen zum Inhalt des Registers und den Mitwirkungspflichten der Institute bei der Führung des Registers erlassen.
(6) Soweit einem Zahlungsinstitut eine Erlaubnis nach § 8 Abs. 1 des Zahlungsdiensteaufsichtsgesetzes oder einem E-Geld-Institut eine Erlaubnis nach § 8a Abs. 1 des Zahlungsdiensteaufsichtsgesetzes erteilt worden ist und dieses zusätzlich Finanzdienstleistungen im Sinne des § 1 Abs. 1a Satz 2 Nr. 9 erbringt, bedarf dieses Zahlungsinstitut oder E-Geld-Institut keiner Erlaubnis nach Abs. 1. Die Anzeigepflicht nach § 14 Abs. 1 ist zu erfüllen und § 14 Abs. 2 bis 4 anzuwenden.

Gesetz über Vermögensanlagen (Vermögensanlagengesetz – VermAnlG)

§ 1 Anwendungsbereich und Begriffsbestimmungen

(1) Dieses Gesetz ist auf Vermögensanlagen anzuwenden, die im Inland öffentlich angeboten werden.
(2) Vermögensanlagen im Sinne dieses Gesetzes sind nicht in Wertpapieren im Sinne des Wertpapierprospektgesetzes verbriefte und nicht als Anteile an Investmentvermögen im Sinne des § 1 Abs. 1 des Kapitalanlagegesetzbuchs ausgestaltete

1. Anteile, die eine Beteiligung am Ergebnis eines Unternehmens gewähren,
2. Anteile an einem Vermögen, das der Emittent oder ein Dritter in eigenem Namen für fremde Rechnung hält oder verwaltet (Treuhandvermögen),
3. (weggefallen)
4. Genussrechte und
5. Namensschuldverschreibungen.

(3) Emittent der Vermögensanlagen im Sinne dieses Gesetzes ist die Person oder die Gesellschaft, deren Anteile im Sinne des Absatzes 2 Nr. 1 bis 3 oder deren Genussrechte oder von ihr ausgegebene Namensschuldverschreibungen als Vermögensanlagen im Inland öffentlich angeboten werden.

§ 6 Pflicht zur Veröffentlichung eines Verkaufsprospekts

Ein Anbieter, der im Inland Vermögensanlagen öffentlich anbietet, muss einen Verkaufsprospekt nach diesem Gesetz veröffentlichen, sofern nicht bereits nach anderen Vorschriften eine Prospektpflicht besteht oder ein Verkaufsprospekt nach den Vorschriften dieses Gesetzes bereits veröffentlicht worden ist.

Fußnote (+++ § 6: Zur Nichtanwendung vgl. § 2+++)

Verordnung über die Finanzanlagenvermittlung (Finanzanlagenvermittlungsverordnung – FinVermV)

§ 4 Gleichstellung anderer Berufsqualifikationen
(1) Folgende Berufsqualifikationen und deren Vorläufer oder Nachfolger werden als Nachweis der erforderlichen Sachkunde anerkannt:

1. Abschlusszeugnis
   a. als geprüfter Bankfachwirt oder -wirtin (IHK),
   b. als geprüfter Fachwirt oder -wirtin für Versicherungen und Finanzen (IHK),
   c. als geprüfter Investment-Fachwirt oder -wirtin (IHK),
   d. als geprüfter Fachwirt oder -wirtin für Finanzberatung (IHK),
   e. als Bank- oder Sparkassenkaufmann oder -frau,
   f. als Kaufmann oder -frau für Versicherungen und Finanzen „Fachrichtung Finanzberatung" oder
   g. als Investmentfondskaufmann oder -frau;
2. Abschlusszeugnis
   a. eines betriebswirtschaftlichen Studiengangs der Fachrichtung Bank, Versicherungen oder Finanzdienstleistung (Hochschulabschluss oder gleichwertiger Abschluss) oder
   b. als Fachberater oder -beraterin für Finanzdienstleistungen (IHK) mit abgeschlossener allgemeiner kaufmännischer Ausbildung,
   c. als Finanzfachwirt oder -wirtin (FH) mit einem abgeschlossenen weiterbildenden Zertifikatsstudium an einer Hochschule,
   wenn zusätzlich eine mindestens einjährige Berufserfahrung im Bereich Anlageberatung oder -vermittlung vorliegt;
3. Abschlusszeugnis als Fachberater oder -beraterin für Finanzdienstleistungen (IHK), wenn zusätzlich eine mindestens zweijährige Berufserfahrung im Bereich Anlageberatung oder -vermittlung vorliegt.

(2) Eine Prüfung, die ein mathematisches, wirtschafts- oder rechtswissenschaftliches Studium an einer Hochschule oder Berufsakademie erfolgreich abschließt, wird als Nachweis anerkannt, wenn die erforderliche Sachkunde beim Antragsteller vorliegt. Dies setzt in der Regel voraus, dass zusätzlich eine mindestens dreijährige Berufserfahrung im Bereich Anlagevermittlung oder -beratung nachgewiesen wird.

Abschnitt 3
Anforderungen an die Berufshaftpflichtversicherung
§ 9 Umfang der Versicherung
(1) Die Versicherung gemäß § 34f Abs. 2 Nr. 3 der Gewerbeordnung muss bei einem im Inland zum Geschäftsbetrieb zugelassenen Versicherungsunternehmen genommen werden.

(2) Die Mindestversicherungssumme beträgt 1.130.000 € für jeden Versicherungsfall und 1.700.000 € für alle Versicherungsfälle eines Jahres, unabhängig vom Umfang der Erlaubnis nach § 34f Abs. 1 Satz 1 der Gewerbeordnung. Die genannten Mindestversicherungssummen erhöhen oder vermindern sich ab dem 15. Januar 2013 und danach regelmäßig alle fünf Jahre prozentual entsprechend den von Eurostat veröffentlichten Anforderungen des Europäischen Verbraucherpreisindexes, wobei sie auf den nächsthöheren Hundertbetrag in Euro aufzurunden sind. Die angepassten Mindestversicherungssummen werden jeweils zum 2. Januar des jeweiligen Jahres, in dem die Anpassung zu erfolgen hat, durch das Bundesministerium für Wirtschaft und Technologie im Bundesanzeiger veröffentlicht.
(3) Der Versicherungsvertrag muss Deckung für die sich aus der gewerblichen Tätigkeit im Anwendungsbereich dieser Verordnung ergebenden Haftpflichtgefahren für Vermögensschäden gewähren. Der Versicherungsvertrag muss sich auch auf solche Vermögensschäden erstrecken, für die der Versicherungspflichtige nach § 278 oder § 831 des Bürgerlichen Gesetzbuchs einzustehen hat, soweit die Erfüllungs- oder Verrichtungsgehilfen nicht selbst zum Abschluss einer solchen Berufshaftpflichtversicherung verpflichtet sind. Ist der Gewerbetreibende in einer oder mehreren Personenhandelsgesellschaften als geschäftsführender Gesellschafter tätig, muss für die jeweilige Personenhandelsgesellschaft jeweils ein Versicherungsvertrag abgeschlossen werden; der Versicherungsvertrag kann auch die Tätigkeiten des Gewerbetreibenden nach Satz 1 abdecken.
(4) Der Versicherungsvertrag hat Versicherungsschutz für jede einzelne Pflichtverletzung zu gewähren, die gesetzliche Haftpflichtansprüche privatrechtlichen Inhalts gegen den Versicherungspflichtigen zur Folge haben könnte; dabei kann vereinbart werden, dass sämtliche Pflichtverletzungen bei Erledigung eines einheitlichen Geschäfts als ein Versicherungsfall gelten.
(5) Von der Versicherung kann die Haftung für Ersatzansprüche wegen wissentlicher Pflichtverletzung ausgeschlossen werden. Weitere Ausschlüsse sind nur insoweit zulässig, als sie marktüblich sind und dem Zweck der Berufshaftpflichtversicherung nicht zuwiderlaufen.

§ 10 Anzeigepflicht des Versicherungsunternehmens
(1) Die vom Versicherungsunternehmen nach § 113 Abs. 2 des Versicherungsvertragsgesetzes erteilte Versicherungsbestätigung darf zum Zeitpunkt der Antragstellung bei der für die Erlaubniserteilung zuständigen Behörde nicht älter als drei Monate sein.
(2) Das Versicherungsunternehmen ist verpflichtet, der für die Erlaubniserteilung nach § 34f Abs. 1 der Gewerbeordnung zuständigen Behörde unverzüglich Folgendes mitzuteilen:

1. die Beendigung oder Kündigung des Versicherungsvertrags, gegebenenfalls erst nach Ablauf der Frist des § 38 Abs. 3 Satz 3 des Versicherungsvertragsgesetzes,
2. das Ausscheiden eines Versicherungsnehmers aus einem Gruppenversicherungsvertrag sowie

3. jede Änderung des Versicherungsvertrags, die den vorgeschriebenen Versicherungsschutz im Verhältnis zu Dritten beeinträchtigen kann.
Die zuständige Behörde hat dem Versicherungsunternehmen das Datum des Eingangs der Anzeige nach Satz 1 mitzuteilen.

(3) Zuständige Stelle im Sinne des § 117 Abs. 2 des Versicherungsvertragsgesetzes ist die für die Erlaubniserteilung nach § 34f Abs. 1 der Gewerbeordnung zuständige Behörde.

§ 24 Prüfungspflicht
(1) Der Gewerbetreibende hat

1. auf seine Kosten die Einhaltung der sich aus den §§ 12 bis 23 ergebenden Verpflichtungen für jedes Kalenderjahr durch einen geeigneten Prüfer prüfen zu lassen und
2. der für die Erlaubniserteilung zuständigen Behörde den Prüfungsbericht bis spätestens zum 31. Dezember des darauffolgenden Jahres zu übermitteln.

Der Prüfungsbericht hat einen Vermerk darüber zu enthalten, ob und gegebenenfalls welche Verstöße des Gewerbetreibenden festgestellt worden sind. Der Prüfer hat den Vermerk mit Angabe von Ort und Datum zu unterzeichnen. Sofern der Gewerbetreibende im Berichtszeitraum keine nach § 34f Abs. 1 der Gewerbeordnung erlaubnispflichtige Tätigkeit ausgeübt hat, hat er spätestens bis zu dem in Satz 1 genannten Termin anstelle des Prüfungsberichts unaufgefordert und schriftlich eine entsprechende Erklärung zu übermitteln.
(2) Die für die Erlaubniserteilung nach § 34f Abs. 1 der Gewerbeordnung zuständige Behörde kann aus besonderem Anlass anordnen, dass Gewerbetreibende sich auf ihre Kosten im Rahmen einer außerordentlichen Prüfung durch einen geeigneten Prüfer auf die Einhaltung der sich aus den §§ 12 bis 23 ergebenden Pflichten überprüfen lassen und der Behörde den Prüfungsbericht übermitteln. Der Prüfer wird von der nach Satz 1 zuständigen Behörde bestimmt. Absatz 1 Satz 3 und 4 gilt entsprechend.
(3) Geeignete Prüfer sind

1. Wirtschaftsprüfer, vereidigte Buchprüfer, Wirtschaftsprüfungs- und Buchprüfungsgesellschaften,
2. Prüfungsverbände, zu deren gesetzlichem oder satzungsmäßigem Zweck die regelmäßige und außerordentliche Prüfung ihrer Mitglieder gehört, sofern
   a. von ihren gesetzlichen Vertretern mindestens einer Wirtschaftsprüfer ist,
   b. sie die Voraussetzungen des § 63b Abs. 5 des Genossenschaftsgesetzes erfüllen oder
   c. sie sich für ihre Prüfungstätigkeit selbstständiger Wirtschaftsprüfer oder vereidigter Buchprüfer oder einer Wirtschaftsprüfungs- oder Buchprüfungsgesellschaft bedienen.

(4) Auch andere Personen, die öffentlich bestellt und zugelassen worden sind und die aufgrund ihrer Vorbildung und Erfahrung in der Lage sind, eine ordnungsgemäße Prüfung in

dem jeweiligen Gewerbebetrieb durchzuführen sowie deren Zusammenschlüsse können als Prüfer betraut werden.

(5) Ungeeignet für eine Prüfung sind Personen, bei denen die Besorgnis der Befangenheit besteht.

Verordnung über die Versicherungsvermittlung und -beratung (Versicherungsvermittlungsverordnung – VersVermV)

Abschnitt 3
Anforderungen an die Haftpflichtversicherung nach § 34d Abs. 2 Nr. 3 der Gewerbeordnung
§ 8 Geltungsbereich

Die Haftpflichtversicherung nach § 34d Abs. 2 Nr. 3 der Gewerbeordnung muss für das gesamte Gebiet der Mitgliedstaaten der Europäischen Union und der anderen Vertragsstaaten des Abkommens über den Europäischen Wirtschaftsraum gelten.

§ 9 Umfang der Versicherung

1. Die Versicherung nach § 8 muss bei einem im Inland zum Geschäftsbetrieb zugelassenen Versicherungsunternehmen genommen werden.
2. Die Mindestversicherungssumme beträgt 1.130.000 € für jeden Versicherungsfall und 1.700.000 € für alle Versicherungsfälle eines Jahres. Die genannten Mindestversicherungssummen erhöhen oder vermindern sich ab dem 15. Januar 2013 und danach regelmäßig alle fünf Jahre prozentual entsprechend den von Eurostat veröffentlichten Änderungen des Europäischen Verbraucherpreisindexes, wobei sie auf den nächsthöheren Hundertbetrag in Euro aufzurunden sind. Die angepassten Mindestversicherungssummen werden jeweils zum 2. Januar des jeweiligen Jahres, in dem die Anpassung zu erfolgen hat, durch das Bundesministerium für Wirtschaft und Technologie im Bundesanzeiger veröffentlicht.
3. Der Versicherungsvertrag muss Deckung für die sich aus der gewerblichen Tätigkeit im Anwendungsbereich dieser Verordnung ergebenden Haftpflichtgefahren für Vermögensschäden gewähren. Der Versicherungsvertrag muss sich auch auf solche Vermögensschäden erstrecken, für die der Versicherungspflichtige nach § 278 oder § 831 des Bürgerlichen Gesetzbuchs einzustehen hat, soweit die Erfüllungs- oder Verrichtungsgehilfen nicht selbst zum Abschluss einer solchen Berufshaftpflichtversicherung verpflichtet sind. Ist der Gewerbetreibende in einer oder mehreren Personenhandelsgesellschaften als geschäftsführender Gesellschafter tätig, muss für die jeweilige Personenhandelsgesellschaft jeweils ein Versicherungsvertrag abgeschlossen werden; der Versicherungsvertrag kann auch die Tätigkeiten des Gewerbetreibenden nach Satz 1 abdecken.
4. Der Versicherungsvertrag hat Versicherungsschutz für jede einzelne Pflichtverletzung zu gewähren, die gesetzliche Haftpflichtansprüche privatrechtlichen Inhalts gegen den Versicherungspflichtigen zur Folge haben könnte; dabei kann vereinbart werden, dass

sämtliche Pflichtverletzungen bei Erledigung eines einheitlichen Geschäfts als ein Versicherungsfall gelten.
5. Von der Versicherung kann die Haftung für Ersatzansprüche wegen wissentlicher Pflichtverletzung ausgeschlossen werden. Weitere Ausschlüsse sind nur insoweit zulässig, als sie marktüblich sind und dem Zweck der Berufshaftpflichtversicherung nicht zuwiderlaufen.

§ 10 Anzeigepflicht des Versicherungsunternehmens

1. Die vom Versicherungsunternehmen nach § 113 des Versicherungsvertragsgesetzes erteilte Versicherungsbestätigung darf zum Zeitpunkt der Antragstellung bei der zuständigen Industrie- und Handelskammer nicht älter als drei Monate sein.
2. Das Versicherungsunternehmen ist verpflichtet, der für die Erlaubniserteilung nach § 34d Abs. 1 und § 34e Abs. 1 der Gewerbeordnung zuständigen Behörde die Beendigung oder Kündigung des Versicherungsvertrags, gegebenenfalls erst nach Ablauf der Frist des § 38 Abs. 3 Satz 3 des Versicherungsvertragsgesetzes, sowie jede Änderung des Versicherungsvertrags, die den vorgeschriebenen Versicherungsschutz im Verhältnis zu Dritten beeinträchtigen kann, unverzüglich mitzuteilen. Die zuständige Behörde hat dem Versicherungsunternehmen das Datum des Eingangs der Anzeige nach Satz 1 mitzuteilen.
3. Zuständige Stelle im Sinne des § 117 Abs. 2 des Versicherungsvertragsgesetzes ist die für die Erlaubniserteilung nach § 34d Abs. 1 und § 34e Abs. 1 der Gewerbeordnung zuständige Behörde.

> **Alte Gesetzestexte**
> **GewO (bis zum 1. Januar 2013):**
> **§ 34c Makler, Anlageberater, Bauträger, Baubetreuer**
> (1) Wer gewerbsmäßig
> 1. den Abschluss von Verträgen über Grundstücke, grundstücksgleiche Rechte, gewerbliche Räume oder Wohnräume vermitteln oder die Gelegenheit zum Abschluss solcher Verträge nachweisen,
> 1a. den Abschluss von Darlehensverträgen vermitteln oder die Gelegenheit zum Abschluss solcher Verträge nachweisen,
> 2. den Abschluss von Verträgen über den Erwerb von Anteilscheinen einer Kapitalanlagegesellschaft oder Investmentaktiengesellschaft, von ausländischen Investmentanteilen, die im Geltungsbereich des Investmentgesetzes öffentlich vertrieben werden dürfen, von sonstigen öffentlich angebotenen Vermögensanlagen, die für gemeinsame Rechnung der Anleger verwaltet werden, oder von öffentlich angebotenen Anteilen an einer und von verbrieften Forderungen gegen eine Kapitalgesellschaft oder Kommanditgesellschaft vermitteln,

3. Anlageberatung im Sinne der Bereichsausnahme des § 2 Abs. 6 Satz 1 Nr. 8 des Kreditwesengesetzes betreiben,
4. Bauvorhaben...

GewO (gültig vom 1. Januar 2013 bis zum 21. Juli 2013):
§ 34f Finanzanlagenvermittler
(1) Wer im Umfang der Bereichsausnahme des § 2 Abs. 6 Satz 1 Nr. 8 des Kreditwesengesetzes gewerbsmäßig zu
1. Anteilscheinen einer Kapitalanlagegesellschaft oder Investmentaktiengesellschaft oder von ausländischen Investmentanteilen, die im Geltungsbereich des Investmentgesetzes öffentlich vertrieben werden dürfen,
2. Anteilen an geschlossenen Fonds in Form einer Kommanditgesellschaft,
3. sonstigen Vermögensanlagen im Sinne des § 1 Abs. 2 des Vermögensanlagengesetzes

Anlageberatung im Sinne des § 1 Abs. 1a Nr. 1a des Kreditwesengesetzes erbringen oder den Abschluss von Verträgen über den Erwerb solcher Finanzanlagen vermitteln will (Finanzanlagenvermittler), bedarf der Erlaubnis der zuständigen Behörde. Die Erlaubnis kann inhaltlich beschränkt oder mit Auflagen verbunden werden, soweit dies zum Schutz der Allgemeinheit oder der Anleger erforderlich ist; unter denselben Voraussetzungen sind auch die nachträgliche Aufnahme, Änderung und Ergänzung von Auflagen zulässig. Die Erlaubnis nach Satz 1 kann auf die Anlageberatung zu und die Vermittlung von Verträgen über den Erwerb von einzelnen Kategorien von Finanzanlagen nach Nr. 1, 2 oder 3 beschränkt werden....

Investmentgesetz (InvG) (bis zum 21. Juli 2013):
§ 112 Sondervermögen mit zusätzlichen Risiken
(1) Sondervermögen mit zusätzlichen Risiken sind Investmentvermögen, die den Grundsatz der Risikomischung beachten und im Übrigen im Rahmen ihrer Anlagestrategien keinen Beschränkungen bei der Auswahl der Vermögensgegenstände nach § 2 Abs. 4 Nr. 1 bis 4, 10 und 11 sowie Anteile an Investmentvermögen nach Maßgabe der §§ 50, 66, 83, 90 g und 112 sowie an entsprechenden ausländischen Investmentvermögen unterworfen sind. Die Vertragsbedingungen des Sondervermögens müssen zudem mindestens eine der folgenden Bedingungen vorsehen:
1. eine Steigerung des Investitionsgrades des Sondervermögens über grundsätzlich unbeschränkte Aufnahme von Krediten für gemeinschaftliche Rechnung der Anleger oder über den Einsatz von Derivaten (Leverage),
2. den Verkauf von Vermögensgegenständen für gemeinschaftliche Rechnung der Anleger, die im Zeitpunkt des Geschäftsabschlusses nicht zum Sondervermögen gehören (Leerverkauf).

Ferner müssen die Vertragsbedingungen vorsehen, dass die Anlage in Beteiligungen an Unternehmen, die nicht an einer Börse zugelassen oder in einen organisierten

Markt einbezogen sind, auf 30 % des Wertes des Sondervermögens beschränkt ist. Das Recht der Anleger auf Rückgabe der Anteile am Sondervermögen kann nach Maßgabe des § 116 eingeschränkt sein.
(2) Sondervermögen nach Abs. 1 dürfen nicht öffentlich vertrieben werden. § 36 Abs. 6 Satz 2 und § 45 Abs. 1 finden auf diese Sondervermögen keine Anwendung.
(3) Abweichend von den Vorschriften der §§ 20 bis 29 kann die Verwahrung der Vermögensgegenstände auch von einem Prime Broker wahrgenommen werden, wenn der Prime Broker seinen Sitz in einem Mitgliedstaat der Europäischen Union oder einem anderen Vertragsstaat des Abkommens über den Europäischen Wirtschaftsraum oder in einem Staat, der Vollmitgliedstaat der Organisation für wirtschaftliche Zusammenarbeit und Entwicklung ist, hat, in seinem Sitzstaat einer wirksamen öffentlichen Aufsicht untersteht und über eine angemessene Bonität verfügt. Der Prime Broker kann entweder unmittelbar durch die Kapitalanlagegesellschaft oder durch die Depotbank bestellt werden. Wird die Verwahrung der Vermögensgegenstände von einem Prime Broker wahrgenommen, finden die §§ 20 bis 29 insoweit keine Anwendung. Ein Wechsel des Prime Brokers ist der Bundesanstalt unverzüglich anzuzeigen.
(4) Das Bundesministerium der Finanzen wird ermächtigt, eine Rechtsverordnung mit Voraussetzungen und Kriterien für eine Beschränkung von Leverage und von Leerverkäufen nach Abs. 1 zu erlassen, soweit dies zur Abwendung von Missbrauch und zur Wahrung der Integrität des Marktes erforderlich ist. Die Rechtsverordnung bedarf nicht der Zustimmung des Bundesrates. Das Bundesministerium der Finanzen kann die Ermächtigung durch Rechtsverordnung ohne Zustimmung des Bundesrates auf die Bundesanstalt übertragen.

Interessante Adressen
- Bundesministerium für Wirtschaft und Technologie, Scharnhorststr. 34–37, 10115 Berlin, Telefon: 030 186150 Telefax: 030 18 615 7010, URL: www.bmwi.de
- Bundesanzeiger – Herausgeber „Bundesministerium der Justiz", Telefonnummer: 0800 1234339, URL: www.bundesanzeiger.de
- Bafin – Bundesanstalt für Finanzdienstleistungsaufsicht, Graurheindorfer Str. 108, 53117 Bonn, Telefon: 0228 4108-0, Fay: 0228 4108-1550, URL: www.bafin.de
- Vermittlerregister – Deutscher Industrie- und Handelskammertag e. V., Breite Straße 29, 10178 Berlin, URL: www.vermittlerregister.info

The manufacturer's authorised representative in the EU is Springer Nature Customer Service Centre GmbH, Europaplatz 3, 69115 Heidelberg, Germany. If you have any concerns regarding our products, please contact ProductSafety@springernature.com

Printed and bound by CPI Group (UK) Ltd, Croydon, CR0 4YY
23/03/2026
02076682-0020